Wilfried Erdmann

Die magische Route

Als erster Deutscher allein und nonstop um die Erde

Delius Klasing Verlag

Von Wilfried Erdmann erschienen folgende Titel:
Der blaue Traum, Köln, 1980
Tausend Tage Robinson, Köln 1983
Der blaue Traum, Berlin, 1987
Segeln auf See, Bielefeld, 1992
Segeln mit Wilfried Erdmann, Hamburg, 1997
Ostsee-Blicke, Bielefeld, 1998
Mein grenzenloses Seestück, Bielefeld, 1998
Ein unmöglicher Törn, Bielefeld, 1999
Nordsee-Blicke, Bielefeld, 1999
Mein Schicksal heißt KATHENA, Bielefeld, 1999
Das Logbuch, Hamburg, 1999
Gegenwind im Paradies, Bielefeld, 2000

Die Deutsche Bibliothek – CIP-Einheitsaufnahme

Erdmann, Wilfried:
Die magische Route / Wilfried Erdmann. – 3. Aufl. – Bielefeld : Delius Klasing, 2001
(Segeln & Abenteuer)
ISBN 3-7688-0787-8

3. Auflage
ISBN 3-7688-0787-8

Lizenzausgabe mit Genehmigung des Verlags
Kiepenheuer & Witsch, Köln
© 1986 by Verlag Kiepenheuer & Witsch, Köln
Fotos: Wilfried Erdmann, außer Seite 224 Harry Tachulke.
Zeichnungen: Fam. Erdmann
Umschlaggestaltung: Buchholz/Hinsch/Hensinger, Hamburg
Druck: Westermann Druck Zwickau GmbH
Printed in Germany 2001

Alle Rechte vorbehalten! Ohne ausdrückliche Erlaubnis
des Verlages darf das Werk, auch nicht Teile daraus, weder
reproduziert, übertragen noch kopiert werden, wie z.B.
manuell oder mithilfe elektronischer und mechanischer
Systeme inklusive Fotokopieren, Bandaufzeichnung und
Datenspeicherung.

Delius Klasing Verlag, Siekerwall 21, D-33602 Bielefeld
Tel.: 0521/559-0, Fax: 0521/559-113
e-mail: info@delius-klasing.de
http://www.delius-klasing.de

Inhaltsverzeichnis

Vorbemerkung 9

KATHENA Gänsehaut 11

Die magische Route 25

Ostsee, Nordsee und andere Seen 38

Atlantik südwärts 58

Die brüllenden Vierziger 89

Ich liege vor Macquarie 122

Die schreienden Fünfziger 138

Der Fall vor Kap Hoorn 167

Atlantik nordwärts 185

Von Kiel nach Kiel 212

Anhang: Der 272. Tag 229

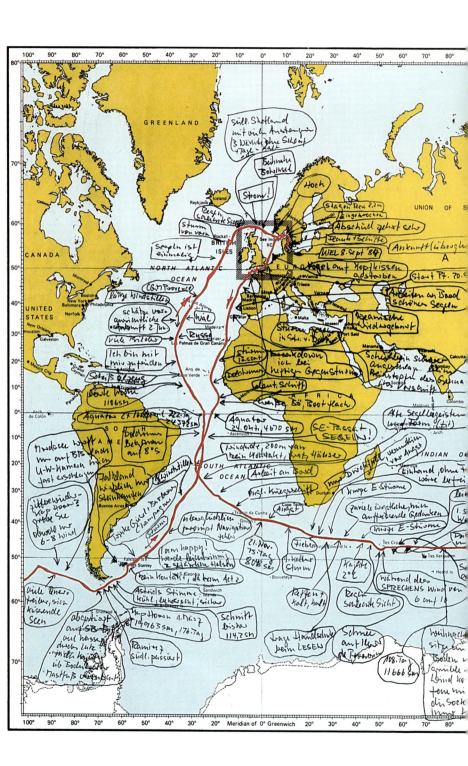

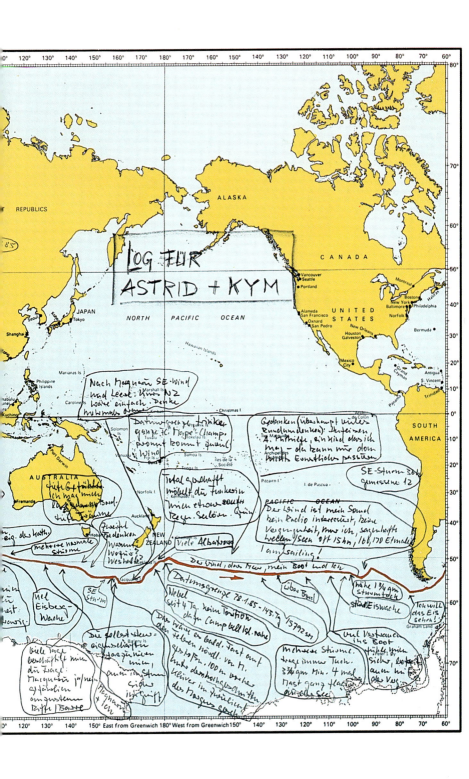

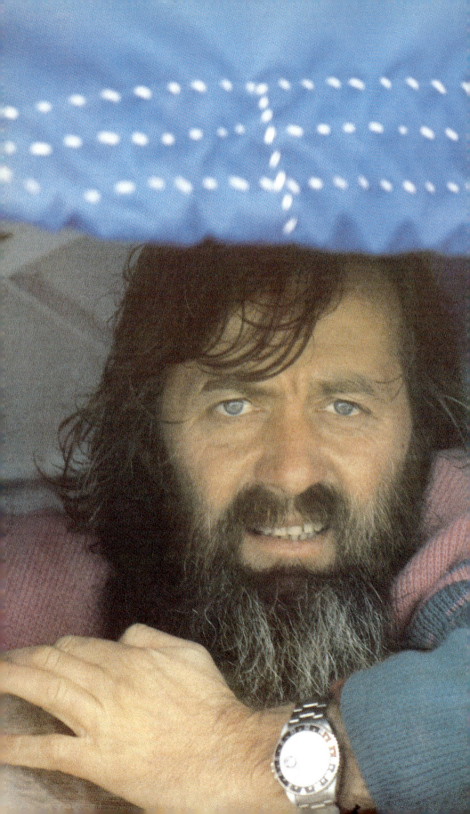

Vorbemerkung

Mein Vorhaben: Einhand und nonstop um die Erde zu segeln. Von West nach Ost um alle berüchtigten Wetterecken: Shetlands, Kap der Guten Hoffnung, Tasmanien, Kap Hoorn. Also völlig allein, ohne irgendwo einen Hafen anzusteuern, weder an Land zu gehen noch unterwegs Proviant oder Ausrüstung nachzubunkern. Das Ganze geplant als Leistungsfahrt: Mit einem zehn Meter langen Segelboot die schnellste Einhand-Umseglung, als erster Deutscher nonstop und gleichzeitig das gefürchtete Kap Hoorn zu umrunden.

Ja, ich hatte Großes vor, wollte noch mal brennen, als ich am 8. September 1984 an Bord meiner „KATHENA NUI" jumpte und Kiel verließ – mit Ziel: Kiel.

271 Tage nach der Abfahrt war ich samt Boot wieder in der Kieler Förde. Dazwischen: 30183 Seemeilen, Sturm und Flaute, Kälte, Sehnsucht und Einsamkeit. Aber auch das Gefühl: Ich weiß jetzt, was Segeln ist, was es bedeuten kann.

Aus meiner Leistungsfahrt wurde eine Reise an die Grenzen des Ichs. Bereits im Atlantik erschien mir das Meilendenken zweitrangig. Wichtiger war, wie ich mich in meiner selbstgewählten Umgebung erlebe. Warum ich eigensinnig weitersegle, obschon mich die Gedanken an meine Familie schier zerreißen. Weshalb ich mich vor den antarktischen Breiten fürchte.

Aber auch Phasen der Euphorie haben mein Denken und Empfinden geformt: Die Kaps zu finden bei Regen oder Nebel; mit einem Vogel zusammenzuleben, der sich an Bord „einrichtet"; das Gefühl einer starken Zusammengehörigkeit mit meinem Schiff oder die Erregung während der sechs Funkkontakte, die ich hatte. Ohne Zweifel gehören die Augenblicke hinzu, in denen ich auf den Bodenbrettern saß und mich am heißen Teetopf wärmte – innen und außen.

Ob an Deck oder in der Kajüte, stets waren mein Tage/Logbuch und das Tonband in der Nähe. Sie wurden zu wichtigen Überlebensmitteln. In den Stunden konzentrierter Aufmerksamkeit, während Hundewachen und Hagelstürmen, in Zeiten, wo aller Mumm und Unternehmungsgeist dahin war, ich mich mehr als Angst-Weltumsegler fühlte und es niemanden gab, mit dem ich meine Probleme und Freude teilen konnte, waren diese Bücher und Bandaufzeichnungen das einzig Verläßliche. Sie halfen mir nicht nur, Ereignisse zu bewahren, sondern auch zu bewältigen.

Als ich sie jetzt einige Wochen nach der Fahrt lese und höre, entpuppen sich meine Mitteilungen als eine entkorkte Flaschenpost. Sie enthalten sozusagen meine technische und seelische Buchführung von unterwegs. Womöglich sind sie in ihrer Spontaneität zu direkt und holprig, aber dafür halten sie fest, wie es wirklich gewesen ist. Ich habe Gespräche und Notizen fürs Buch übernommen – zum Teil aufs Wort genau. Authentisch ist mein Bericht ohnehin.

Lange Zeit fand ich es ungemein schwierig, meine Meer-Reise fotografisch in den Griff zu kriegen. Ich hatte Scheu vor Selbstauslöserfotos und Wiederholungen. Bei Sturm fand ich es deplaciert, an Deck mit der Kamera rumzuturnen. Mein Wunsch war, Bilder mitzubringen, die von einer Mischung aus Draufgängertum und Sensibilität leben. Erst nach Passieren von Macquarie konnte ich mich zu solcher Arbeit zwingen, in einem Gebiet, das ebenso faszinierend wie furchterregend ist: in den „Schreienden Fünfzigern" – auch wenn ich und die Kamera dabei so manches Mal pitschenaß wurden.

Goltoft, 15. Dezember 1985   W.E.

KATHENA Gänsehaut

Mein Schiff ist ein Neubau aus Aluminium, 10,50 Meter lang, ohne Motor und Versicherungspolice, aber mit zwei wasserdichten Schotten und kräftiger Eisverstärkung am Bug. Es soll sogar auf dem Kopf stehen können und dabei dicht bleiben. Getakelt ist es als Kutter.

An dem Tag, an dem mein Boot fertig sein sollte, ist es noch ein Gerippe. Spanten, Kiel und einige aufgeschweißte Platten deuten zwar auf die Rumpfform hin, aber: Wo das Deck sein soll, ist ein einziges Loch, von einem Ruder keine Spur. Und: Die Werftleute arbeiten auch nicht dran. Beide Schweißer fallen aus, der eine hat Zahnschmerzen, der andere macht blau.

Machtlos stehe ich vor dieser Chose aus Stützen, Kabeln, Schweißdrähten und Hämmern. Wieder ein Tag dahin. Die Frau des Werftbesitzers sagt auch noch: „Bei uns ist noch nie ein Schiff zum Termin fertig geworden."

Es ist der 15. Juni 1984 – und Ende August will ich in See stechen. Zu einer ungewöhnlichen Fahrt: nonstop und solo um die Erde. Von West nach Ost um die stürmischen Kaps der südlichen Halbkugel: Kap der Guten Hoffnung, Tasmanien, Kap Hoorn. Durch die hohen Breiten – die antarktischen. Um sie nicht zur schlimmsten Jahreszeit, im Winter, zu passieren, ist es ein Muß, die Ostsee spätestens Anfang September zu verlassen. Ein weiteres Muß ist dieses Jahr. Ich ahne, wenn ich es in den nächsten Wochen nicht packe, wird es nichts mit meinem Vorhaben. Noch ein Jahr des Nachdenkens, des Fragens nach dem Sinn und Zweck solcher Mammuttour, würde mich wahrscheinlich endgültig resignieren lassen. Man kann auch Ideen totdenken.

Zudem besteht die Gefahr, sich zu verzetteln. Ich brauche schnelles Umsetzen von Planung in tatsächliche Vorbereitung und Ausführung. Aus diesem Grund habe ich den Aluminiumrumpf auch sozusagen in letzter Minute in Auftrag gegeben. Wohl aus dem Gefühl heraus, mit zügiger, ja hektischer Vorbereitung mein Schwanken, meine innere Unsicherheit zuzudecken.

In der Tat würde es erneut Auseinandersetzungen geben – falls ich die Meerfahrt um ein Jahr verschiebe. Auseinandersetzungen vor allem mit meiner Frau Astrid. Sie war lange Zeit gegen mein Unternehmen. „Was für ein Blödsinn, nach all den schönen Reisen." Und: „All das Geld verpulvern für eine Sache, die fragwürdig ist und nicht ohne Risiko." Richtig böse: „Uns hier sitzenzulassen..."

Ungern erinnere ich mich an diese Periode. Astrid ist sehr realitätsbezogen, möchte mich am liebsten immer in ihrer Nähe wissen. Aber ohne ihre Hilfe während der Vorbereitungen, mehr noch: Ohne ihre innere Zustimmung kann ich die Nonstop-Fahrt nicht machen. Ich bezweifle, ob ich überhaupt die Kraft und die Ausdauer für neun Monate allein mit dem Boot und mir (so lange rechne ich) fände, die Fahrt nicht auf halber Distanz abbräche. Und dann: Wenn schon meine Frau nicht hinter dem Unternehmen steht, wer sonst?

Ungern erinnere ich mich auch an den Tag, als ich Astrid meinen Plan vortrug. Auf Anhieb ihr Einverständnis wünschte. Ihr klarmachte, daß ich diese Reise machen muß. Muß, weil ich eine Herausforderung dieser Art zum Leben brauche. Eben um lebendig zu sein, zu bleiben.

Astrid sitzt auf dem Sofa. Auf einer alten Zeitung schält sie Möhren. Sie tut das strahlend, denn es sind Möhren aus dem eigenen Garten. Und dann komme ich mit meinem karierten Blatt Papier, auf dem ich meine neue Segelfahrt skizziert und kalkuliert habe, und auch gleich einen Namen vorschlage: „Unternehmen Gänsehaut".

Ich: „Wenn fahren, dann nächstes Jahr."

Astrid schnappt nach Luft, starrt mich an: „Du spinnst, du bringst nur Unruhe in die Familie. Und wie willst du das finanzieren? Wo nimmst du eigentlich die 80000 Mark her, die da auf deiner Liste stehen?"

Das ist in der Tat ein Problem. Ich habe zwar noch Mittel vom Verkauf unseres letzten Bootes, sie reichen aber bei weitem nicht aus. Aber auch da habe ich vorgeplant: „Ich leihe mir Geld von unserer Bank. Freunde könnten Segeltörns mit Anzahlung vorbuchen. Und drittens denke ich an Firmen, deren Ausrüstung ich benutze und die dafür meine Sache finanziell unterstützen." Diesen Weg bin ich noch nie gegangen. Aber warum soll ich es nicht versuchen? Schließlich ist mein Werbeeinsatz bei einer Reise, wie ich sie plane, glaubwürdig genug.

Erschöpft, ich weiß nicht, ob vom Möhrenschälen oder unserer Diskussion, sagt Astrid etwas, was auch mich schwankend werden läßt: „Warum sind wir eigentlich aufs Land gezogen? Haben die Mühen mit dem Haus auf uns genommen? Warum tust du's überhaupt? Ich sehe, du weißt es nicht, du bist einfach verrückt. Ich sehe keinen Sinn darin. Du machst, wenn es nicht klappt, den Erfolg deiner bisherigen Fahrten kaputt."

Da bin ich in eine Situation gerutscht, die ich nicht liebe: mich rechtfertigen zu müssen. Ohnehin ist die Frage nach dem Sinn belanglos. Ich mache die Fahrt für mich, das ist für mich Beweggrund genug, meine ich. Für Geld oder gar für Ruhm kann man sie nicht machen, das reicht nicht aus, um neun Monate das Boot in Bewegung zu halten, konzentriert zu segeln, mit Einsamkeit, Sturm und Kälte fertig zu werden.

„Aber es macht schon Spaß", sage ich zu meiner Frau, „riesigen Spaß, wenn man weiß, wie man die Sache anpacken muß, wenn man planen kann, ein klein wenig weiter als die anderen Fahrtensegler, und Risiken eingeht, die sie nicht eingehen. Wenn du so planst und manövrierst, daß dann tatsächlich alles so hinkommt, wie du erwartet hast. Das ist einfach faszinierend."

Tief im Innern bin ich schon unterwegs.

Nach diesem Gespräch nimmt mein ehrgeiziger Plan Gestalt an. Freunde und Bekannte versuchen noch, „vernünftig" mit mir zu reden und mich von meinem Vorhaben abzubringen. Sie kommen nicht weit, ich dagegen immer weiter. Es gibt viel zu überlegen. Sich für zehn Monate auszurüsten, ist eine komplexe Sache. Man muß an Ersatzteile denken, an Proviant, vor allem an das geeignete Boot. Aber gerade das habe ich noch nicht gefunden. Ein Gebrauchtboot kommt nicht in Frage, dafür sind meine Ansprüche zu ungewöhnlich. Mein Ziel ist ein kleines, wendiges, aber äußerst

Mein Traumboot KATHENA NUI. *Jahrelang plane ich im Kopf und brauche dann nur neun Monate für Bau und Vorbereitung.*

seetüchtiges Boot, das einer Kollision mit Eis, Treibgut oder Walen standhält, auf dem Kopf stehen kann und trotzdem dicht ist – ein Schiff, das dem extremen Seegang der Antarktisroute widersteht.

Bezüglich der Rumpfform habe ich noch unklare Vorstellungen. Langkieler, Mittelkieler, Kurzkieler. Nur in einem bin ich sicher: Der Werkstoff des Bootes muß Aluminium sein. Warum Aluminium? Nicht, weil ich zu viel Geld habe, sondern weil es ungemein fest und vor allem leicht ist, und leicht ist für mich gleichbedeutend mit Sicherheit. Ich habe vor, die Außenhaut ohne Farbe zu lassen. Aluminium schützt sich nämlich selbst, es oxydiert nicht bei feuchtem Wetter, salziger See, es ist immer mit einer feinen Oxydschicht überzogen, die jeder weiteren Oxydation vorbeugt. Also in jeder Hinsicht ein idealer Bootsbauwerkstoff.

Zwei Monate zögere ich, schwanke, vermag mich nicht zu entscheiden. Besuche Werften, und wenn ich zurückkomme, wird mein Boot in meiner Vorstellung jedesmal anders und – viel schlimmer – kleiner. Die anfänglichen 13 Meter verlieren nach jedem Besuch einen halben Meter. Ich schaue mich im Herbst auf der Hamburger Bootsmesse um, doch am Ende bringe ich auch von dort nur einen Rucksack voller Prospekte mit. Die Bootswerft Feltz macht mir ein gutes Angebot. Sie will für mich ihren elf Meter langen Skorpiontyp, sonst in Stahl gefertigt und konzipiert, in Aluminium bauen. Ein Langkieler, zu dem auch Bobby Schenk mir rät: „Für dieses Gewässer, für die langen Seen, nur ein Langkieler. Das Ruder – denk' daran, wie sicher und geschützt es beim Langkieler montiert werden kann. Das erreichst du nie mit einem unterteilten Lateralplan."

Er, Bobby, ein langjähriger Bekannter von mir, hatte immerhin kurz zuvor das Meer besegelt, auf das ich mich wagen will. Mit seiner Frau Karla umsegelte er auf seinem Törn von Tahiti nach Europa Kap Hoorn, auf einem 15-Meter-Schiff.

Doch von Feltz komme ich bald ab. Schade, den Rumpf in Hamburg bauen zu lassen, käme mir sehr gelegen, denn wir wohnen nicht weit entfernt an der Schlei. Aber der erste möchte ich nicht sein, für den eine „Skorpion" in Aluminium gebaut wird.

Doch etwas hat die Hamburger Bootsmesse gebracht. Mein Rucksack ist noch nicht ganz voll, da treffe ich einen alten Freund:

Jens Cornelsen. „Mensch, Wilfried, der Dübbel ist für dich der richtige. Der hat ganze Schubladen voller Zeichnungen."

Ich zögere: „Dübbel & Jesse sind mir zu teuer, die bauen nicht für Habenichtse wie mich einen popeligen Rumpf. Die kann ich mir nicht leisten." Aber Jens ist zuversichtlich! „Keine Bange. Die haben nicht viel im Aluschweißen zu tun, zuviel Holzarbeiten. Ich sage Dübbel gleich Bescheid. Die kannst du bestimmt drücken, denk' dran, die haben Leerlauf. Ich sage Bescheid, ich rufe an."

Von Dübbel höre ich in der Tat zwei Tage später.

Die Zeichnungen seines selbstentworfenen 10,5 Meter langen Kurzkielers liegen bald bei mir auf dem Tisch. Ein Linienriß, der

Noch ist mein Aluminiumboot ein Skelett. Die 50 mm breiten Profilspanten werden auf 6 mm starke Bodenwrangen im Abstand von 350 bis 400 mm geschweißt.

mir auf Anhieb gefällt. Und ganz wichtig – Astrid ist auch davon angetan. Dübbel ist ein Bootsbauer, der in seiner Freizeit Boote entwirft. Sein Angebot verlockt mich zu einem Besuch der Werft auf Norderney.

Gewaltig sieht er nicht aus, der Uwe Dübbel. Eher klein, mit Pudelmütze, auch im Büro.

„Gehn wir rein, sehn wir uns die Schiffchen an, die ich im Bau habe", sagt er und geht voran, ohne eine Antwort abzuwarten.

Eine Werft ist nie etwas anderes als ein großer Bauplatz. Der hier hat, was die Ordnung angeht, bescheidene Ansprüche. Mich stört das nicht, als Dübbel mir die „Schiffchen" zeigt: zwei tolle 27 Meter und 16 Meter lange Millionenschiffe.

Ich sage nichts, bin aber beeindruckt von den Aluminium- und Holzarbeiten.

Wir gehen ins Büro, das über der Werkstatt liegt, und wollen uns über die Änderungen hermachen, die ich bei einem eventuellen Bau wünsche. Er nimmt eine alte Zeichnung und staubt den Stuhl ab. Dann beugen wir uns über Zeichnungen und Listen. Nach drei Stunden sind wir uns einig: Der Bau wird 10,5 Meter lang und 3,27 Meter breit: als Kutter getakelt, die Rumpfform verändert, der Kiel verlängert, der Bug tiefer gezogen, Spiegel begradigt, Aufbau nur bis zum Mast, innen fünf Aluminiumschotten, zwei davon wasser-

Stapellauf fünf Wochen vor der Abfahrt.
K*ATHENA NUI* *ist ein Kurzkieler, 10,60 Meter lang, 3,25 breit und mit 1,70 Meter Tiefgang.*

dicht verschweißt, Eisverstärkung im Bug, dickere Bleche und, und... Auch bei dem Preis finden wir einen Kompromiß. Ich kann das zwar bezahlen, aber lieber wäre mir ein günstigerer Preis. Möchte aber andererseits die Sache nicht ganz ausreizen. Dübbel & Jesse erlauben mir nämlich, den Bau selber mit Farbe und einem notdürftigen Innenausbau in der Werft zu versehen.

Ich habe mich für einen Kurzkieler entschieden, weil ich meine, der reagiert besser und schneller aufs Ruder bei achterlichen und raumen Kursen mit extrem stürmischer See. Alle Aluminiumarbeiten, Rumpf und Deck, sollen bis spätestens 15. Juni fertig sein. Definitiv!

Jetzt haben wir den 15. Dezember 1983.

Bau Nr. 83 wird weder mit einem Köm noch mit einer Tasse Kaffee begossen. Zu Hause, bei meiner Frau, entfällt ein Stärkungsschluck gleichfalls: Sie will nichts von dem Boot hören. Noch nicht.

Die Krise kommt, als die Werft meinen Rumpf selbst Mitte Juli nicht fertig hat. Offensichtlich haben Dübbel & Jesse jegliches Interesse an meinem Bau verloren. Vermutlich hat man sich total verkalkuliert – über drei Monate wird nun schon daran geschweißt und gehämmert. Vor allen Dingen gehämmert, denn die Außenhaut ist glatt abzuliefern, da kein Farbanstrich vorgesehen. Verständnislos nehme ich die Tatsache hin, daß Werftarbeiter, die zu Fans geworden sind, mir nicht helfen dürfen. Gern hätten einige am Wochenende Farbe in den Rumpf eingespritzt, Teak im Cockpit verlegt oder Körbe gebogen.

Inzwischen helfen auch meine Frau und Sohn Kym auf Norderney bei der Bootsbauerei kräftig mit. Wir machen den Innenausbau aus Sperrholz, das weiß angestrichen wird. Ich möchte keine Mahagonihöhle haben. Weiß und hell soll meine Kajüte sein.

Am 3. August Stapellauf. Am 5. bin ich mit dem nur zu einem Viertel ausgebauten Boot auf der Nordsee. Alleine. Eine weitere Hand mitzunehmen, habe ich mich nicht getraut. Weder sind Holepunkte der Schoten montiert, noch gibt es einen Kajütboden. Selbst das Ölzeug habe ich vergessen. Als ich dann die erste Gischt der Nordsee bei Verlassen Norderneys spüre, bin ich froh; der Schweiß der Werft sitzt mir noch in den Poren, während ich notiere: ,,Das Beste an Dübbel & Jesse ist der Tee bei Frau Dübbel!'' All meine angestaute Erregung und meinen unterdrückten Zorn lege ich in diese Zeilen.

Cuxhaven erreiche ich anderntags mit nassem Deck. Ohne Hilfe unter Segel gehe ich längsseits in meinen Segelverein. Einen Motor habe ich ja nicht. Strecke mich im Cockpit aus und schlafe tief und fest in der prallen Sonne, die ich so lange nicht gespürt habe, weil ich in der Halle arbeitete. Erst als mein Freund Jürgen Hiort mich weckt, bin ich munter. Zusammen essen wir, und als praktisch denkender Mensch gibt er mir noch eine Fock mit: „Die ist von einer gestrandeten englischen Yacht, ich hoffe, du bist nicht abergläubisch."

Brunsbüttel. Die Schleuse erobere ich mit Wind 8, bei Regen segle ich hinein. Zwar nicht ganz erlaubt, aber niemand sagt etwas. Rechts und links von mir Motorboote und Segler, alle total wetterfest in Klamotten von Jeantex, Helly Hansen usw. Ich in einem dünnen Blouson, mit Turnschuhen. In der Eile habe ich keine Wetterkleidung mit an Bord genommen. Ein ordentliches Stück segle ich durch den Kanal, denn ich finde zunächst keinen Schlepp. Bis die NADINE aus Oldenburg kommt und mich mit nach Holtenau nimmt. Der Rest ist dann ein Klacks, ich mache nach vier Tagen in Eckernförde fest. Gestärkt und gelöst recke ich die Arme. Das kann ich also noch, ich bin mit mir zufrieden. Jetzt kann ich weitersehen.

Für den Ausbau, die Beschläge, die Farbe sorgen Freunde und Astrid. Zwischendurch wird das Boot getauft. An beiden Seiten wird mit roter Farbe in 20 cm hohen Buchstaben KATHENA NUI auf den Rumpf geschrieben. So groß, damit passierende Schiffe den Namen besser ablesen können. Ich habe vor, von unterwegs per Flaggen mit den Buchstaben M, I und K Positionsmeldungen nach Hause zu geben.

Den Namen „Kathena Gänsehaut" konnte die Familie gerade noch abwenden. Weil Astrid und Kym seit Monaten nur noch für meine Reise arbeiten und denken, habe ich KATHENA NUI akzeptiert. KATHENA hießen auch alle meine früheren Boote. Ein künstlicher Mädchenname, den mein erstes Boot schon vor dem Kauf trug. „Nui" ist ein Wort aus dem Polynesischen: groß, gewaltig, stark, unerschrocken.

Munter machen wir eine Probefahrt in der Eckernförder Bucht.

Ausbau des Rumpfes und Ausrüstung in Eckernförde:
Ich habe vor, die Außenhaut Aluminium-Natur
– also ohne Farbe – zu lassen.
Aluminium schützt sich nämlich selbst.

Probetörn in der Eckernförder Bucht. Meine Frau Astrid und Sohn Kym sind von den Segeleigenschaften des neuen Bootes begeistert. – Für 2 400 Mark kommt fast eine Tonne Proviant an Bord.

Alles klar: Rigg, Segelstellungen, Holepunkte, Trimm. Kym: „Ist ja kaum Druck auf der Pinne." So ist es. KATHENA NUI läßt sich mit den berühmten zwei Fingern an der Pinne auf Kurs halten. Wir sind gelöst und freuen uns: Wenigstens das scheint zu stimmen.

Nie vergessen werden wir die Gesichter im Divi-Supermarkt, als wir 16 große Einkaufswagen übervoll packen: 60 Liter Petroleum, 20 Flaschen Brennspiritus, 30 kg Reis, Zucker, Mehl, Grieß, Trockenfrüchte, kastenweise Bier, Früchte und Gemüse in Dosen, 6 Flaschen Schnaps, Kaffee, Tee, Wasser in Dosen, Schokolade usw. Ein Angestellter: „Was soll das? Sie wollen uns wohl auf den Arm nehmen!" Astrid denkt an Rabatt – ja, wir bekommen 10 Prozent. Ein kleiner LKW voll Proviant, eine ganze Tonne, verschwindet im Bauch der KATHENA NUI. Wochen vorher hat Astrid Fleisch eingekocht, das dann in Weckgläsern an Bord kommt – eine Überraschung und später auf See eine Delikatesse, besonders in schlechten Zeiten.

Auch Kym steuert seinen Teil bei: Er hilft mir beim Ausrüsten der KATHENA NUI und investiert lange Ferientage.

300 Liter Wasser kann die KATHENA NUI bunkern. Für die Reise wird auch der nicht benötigte Kraftstofftank als Wassertank benutzt.

Die nautische und seemännische Ausrüstung habe ich von früheren Reisen zum größten Teil beisammen. Nun brauche ich mich nicht darum zu kümmern, es braucht nur eingeladen zu werden: Sextant, Uhr, Tafeln, Messer, Werkzeug, Segelnähzeug, Schäkel. Selbst Seekarten habe ich genug, brauche nur einige hinzuzukaufen. Einen Kompaß, zwei Aries-Selbststeueranlagen leihen mir gute Freunde. Überhaupt, was machte ich ohne sie, die alle kurz vor dem Start für mich tätig sind, Geld und Zeit opfern? Bücher, Flaggen, und, und ... alles stapelt sich in der Kajüte.

Mit Kym verhole ich KATHENA NUI zum Start nach Kiel-Schilksee. Bei steifem Nordwind genießen wir die Überfahrt, langen kräftig zu beim süßen Proviant. Schon komisch: Eine Meile weg vom Land, und alle Probleme sind vergessen. Und Probleme hatte ich die letzten Wochen mehr als genug. Mein gesamtes Projekt hing an einem seidenen Faden. Die Mittel waren verbraucht, das „Nonstop-Konto" überzogen und ich hin- und hergezerrt zwischen

Bemühungen, privat Geld lockerzumachen oder mit Sponsoren ins Gespräch zu kommen. Einen Sponsor für den Bootsnamen konnte ich nicht auftreiben, wohl aber Förderer, die mich bei der Beschaffung des Materials unterstützten.

Schilksee ist schnell erreicht. Die baumlose, in Beton erstarrte Silhouette des Olympia-Zentrums begeistert mich nicht. Wie konnte ich nur so einen Abfahrtshafen aussuchen!

Der Rundfunk macht mich und mein Unternehmen bekannt. Reporter finden sich ein. Unkonzentriert beantworte ich Fragen. Mich beschäftigt anderes: Bloß nichts vergessen! Springringe für Winschen: an Bord. Düsen für Kocher: an Bord. Isolierband: besser noch ein paar Rollen mehr. Angelhaken: könnte ich mehr gebrauchen... Für über 300 Tage ausrüsten und nichts vergessen – mein Trauma der letzten Tage. Abends falle ich todmüde ins Bett. Da berührt mich nichts mehr, auch nicht die Frage einer Fachjournalistin: „Nonstop, durch den Panamakanal?"

Die magische Route

Allein und nonstop um die Welt: Eine Herausforderung voller Einsamkeit und Entbehrungen, Segeln durch die stürmischsten Seegebiete dieser Erde. Kaum eine Handvoll Segler hat es vor mir geschafft. Die Geschichte der magischen Route enthält mehr Tragödien als Erfolge.

Am Abend, bevor ich zu meiner Fahrt ablege, sitzen Astrid, Kym und ich auf dem Fußboden. Wir wärmen uns am brennenden Kamin und trinken Wein. Kym schlürft an einer Tasse heißen Kakao. Es ist einer jener gräßlichen und windigen Herbsttage mit Regen und Kälte, wie man sie hier oben im Land zwischen den Meeren kennt.

Nochmals werden all die Dinge durchgecheckt, die als letztes an Bord müssen: englisches Wörterbuch, Reisepaß, Bootspapiere, meine 100 Dollar (für alle Fälle), wollene Socken, noch ein Schwung Batterien, bei Kälte sollen sie sich rasch aufbrauchen, und zum wiederholten Male: Streichhölzer, Kisten mit Obst und Gemüse sind schon im Auto.

Als die Flasche sich leert, ist die Realität vergessen, haben wir ein Recht auf Verzweiflung. ,,Komm'', sagt Astrid, ,,wir nehmen Kym eine Woche aus der Schule und segeln in den dänischen Inseln, und dann startest du nächstes Jahr.'' Wie schlimm muß es um Astrid stehen, denke ich. Sie, die Kym nie eine Stunde Unterricht versäumen läßt, will ihn plötzlich eine ganze Woche aus der Schule nehmen. Was für eine Überwindung!

Ich mache auf Mut: ,,Wirst schon sehen, in neun Monaten bin ich wieder hier.'' Doch die Worte hängen in der Luft, sie vermögen nicht zu trösten.

Zweifelhaft ist, ob es nun morgen wirklich was wird mit meiner Abfahrt. Ein scheußlicher Wind heult um die Hütte. Die Kühe auf der Koppel hinter unserem Haus drängen sich schutzsuchend dicht

*Ich möchte nonstop und allein um die Welt segeln.
Von Kiel nach Kiel um alle berüchtigten Wetterecken.*

an den Knick. Genauso stelle ich mir demnächst viele Tage an Bord vor: Wie ich im Windschutz der Aufbauten Gischt und Seen Widerstand biete. Womöglich wochenlang in Kälte und Nässe – auf dem Kurs der magischen Route. Für mich ist die magische Route die klassische Weltumseglung auf dem direkten, dem natürlichen Weg. Also nicht durch die künstlichen Wasserstraßen Suez und Panama, sondern von Kap zu Kap durch die ,,Brüllenden Vierziger" und die ,,Schreienden Fünfziger", jene Zone südlich des 40. Breitengrades, die selbst von den großen Rahseglern des vorigen Jahrhunderts gefürchtet wurde, wegen der ewigen Kaltfronten und Stürme, die unablässig um den südpolaren Kontinent von West nach Ost laufen.

Dieser beständige Westwind, von keinem Land gehindert, schiebt eine gigantische See übereinander, die im Wechsel zwischen kalten und warmen Meeresströmungen tückisch wird und gefährlich, wenn sich einzelne Wellen durch unterschiedliche Geschwindigkeiten überlagern. Dann ergeben sich extrem hohe Wellenberge, die sogenannten Kaventsmänner. Schon manchem Segler sind sie zum Verhängnis geworden.

Damit mir der Weg nicht zu lang wird, habe ich einen Kurs abgesteckt, der weit südlich von Afrika, Tasmanien und Neuseeland vorbeiführt. Mitten durch das antarktische Treibeisgebiet. Ich weiß, was mich da erwartet: schweres Wetter und eine mögliche Kollision mit Eis. Der Vorteil des Kurses: Der Wind ist stetiger und die Reiseroute kürzer, weil die Erdkugel sich zum Pol hin verjüngt.

Eigentlich wollte ich diese Fahrt bereits 1968 machen, im Rahmen einer Regatta, die von einer englischen Zeitung ausgeschrieben wurde. Dem ersten, der nonstop und allein um alle drei Kaps der südlichen Hemisphäre segelte, winkte ein ordentlicher Geldpreis.

Der Start mußte im Sommer von England aus erfolgen.

Das reizte mich ungemein. Fast wäre ich dabeigewesen. Eine Werft wollte mir sogar für diesen Zweck ein neues Boot leihen. Die Sache verfolgte ich dann nicht weiter, weil ich mir nicht zutraute, ein Boot für eine solche Mammutreise auszurüsten. Ich war nämlich gerade von einer 20monatigen Einhandweltumseglung zurückgekehrt. Mit meiner KATHENA, einer hölzernen Slup von 7,50 Meter Länge, umsegelte ich den Erdball als erster Deutscher allein, allerdings mit Zwischenstationen. Eine Pioniertat zu einer Zeit, als Segeln dieser Art hierzulande verpönt war. Wer segelte, der tat dies am Wochenende und in den Ferien, doch nicht so zigeunerhaft um die Erde. Meine Fahrt stieß auf allerhand Mißfallen: ohne Segelverein, ohne Segelschein, fast ohne Praxis. Nein, das konnte man an der Küste nicht verstehen. „Ist doch leugenhaft to vertellen." Glücklicherweise hatte ich sorgfältig alle Unterlagen gesammelt: Hafenamtsbescheinigungen, Fotos, Logbücher, Zeitungsartikel.

In diesem anfänglichen Mißtrauen ringsum hielt nur eine zu mir: meine Freundin Astrid von Heister. Sie vereitelte wohl mehr als alles andere meine Teilnahme an dem 30000-Meilen-Nonstop-Törn. Wir heirateten. Spontan besorgten wir uns ein neues Segelboot, eine 9 Meter lange Stahlslup. Mit der KATHENA 2 machten wir unsere „Hochzeitsreise" um die Welt. Stationen: Karibik, Panama, Galapagos, Tahiti, Samoa, Neuseeland, Timor, Madagaskar. Eine romantische Reise von 1969 bis 1972.

Wieder zurück an Land, dachte ich ans Geldverdienen. Für einen gelernten Tischler ohne Berufserfahrung nicht einfach. Ich gründete mein eigenes Unternehmen: Charterfahrten mit praktischer Ausbildung im Mittelmeer. Meine Törns gingen um Korsika, und ich konnte auf meiner 14 Meter langen Kutterslup KATHENA ITI sieben Gäste unterbringen. Es war nicht nur ein phantastisches Segelgebiet, wir wohnten auch gleich in dieser herrlichen Ecke: am Kap Ferrat.

Doch wie so oft, wenn es einem zu gut geht, man heckt Neues aus. 1976 warfen wir alle Gedanken an schönes, leichtverdientes Geld und herrliches Wohnen über Bord, verkauften unser Boot, setzten uns in ein Flugzeug nach Neuseeland und erwarben dort ein kleines Segelboot: die 10 Meter lange KATHENA FAA. Gerade groß genug für uns drei, denn inzwischen hatten wir einen Sohn bekommen – Kym –, und mit ihm stöberten wir dreieinhalb Jahre durch den schönsten Teil der Erde: die Südsee.

Die Idee des Nonstop-Abenteuers hatte ich lange Zeit verdrängt. Als Wunsch spukte sie jedoch immer noch in mir herum. Nach dieser Südsee-Traumreise wurde sie zum Plan. Alle verfügbaren Mittel gingen ab sofort in eine Nonstop-Bordkasse: der Verkaufserlös der KATHENA FAA, Buchhonorare, Einnahmen aus vielen Vorträ-

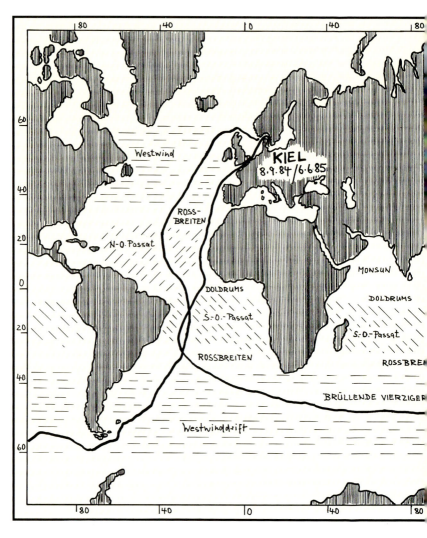

Auf meiner Fahrt muß ich durch alle Windzonen dieser Erde. Zunächst das Gebiet der häufig wechselnden und stürmischen Winde bis zum 35. Breitengrad. Dann die Zone der Windstillen, die sogenannten Roßbreiten. Etwa vom 28. Breitengrad soll mich der Nordost-Passat bis zum Äquator

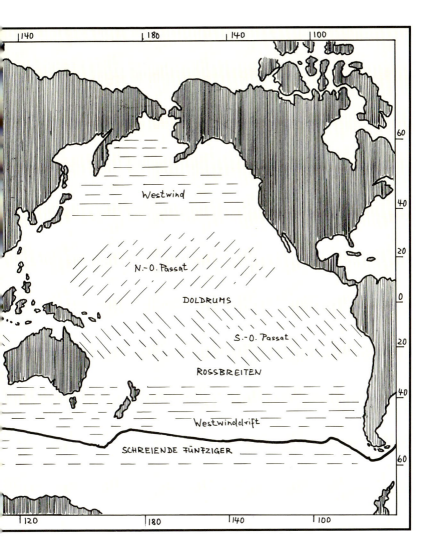

bringen, wo die Doldrums, mit ständig
wechselnden Winden und Regenschauern zu
durchqueren sind. Jenseits des Äquators der
Passat, diesmal aus Südost. Auf die
Roßbreiten des Südens folgt dann um den
40. Breitengrad die Westwindwetterlage.

gen. Zwischendurch jobbte ich als Hilfsarbeiter durch die Düsseldorfer Messehallen.

Um meiner Familie das Leben zu erleichtern, während ich unterwegs war, zogen wir aus einer Dreizimmerwohnung in Nordrhein-Westfalen nach Norddeutschland aufs Land, nach Goltoft an der Schlei. 1983 war ich so weit, daß ich daran denken konnte, meinen Wunsch und Plan zu realisieren.

Ich bin nicht der erste, der solch eine Reise wagt. Damals, anläßlich der Regatta 1968, starteten acht Segler. Nur einer erreichte den Ausgangshafen: Robin Knox-Johnston. Ihm gebührt alle Ehre, die erste Nonstop-Umseglung geschafft zu haben. Mit seiner 9,90 Meter langen Yacht SUHAILI brauchte er von West nach Ost 313 Tage. Vermutlich dauerte es deshalb so lange, weil er oft einen Kurs nördlich des 40. Breitengrades, zwischen Australien und Tasmanien hindurch, steuerte. In entgegengesetzter Richtung hatte Chay Blyth zwei Jahre später auf seiner 18 Meter langen BRITISH STEEL nonstop den Globus in 292 Tagen umrundet.

Nur vage habe ich auch von einem Japaner (Kenichi), einem Franzosen (Colas) und einem weiteren Briten (Roper) gehört, die die Erde nonstop umsegelt haben. Es gibt keinen Verband, keine Zeitschrift, die darüber eine Statistik führen. Ich weiß nur so viel: Es gibt höchstens eine Handvoll „Nonstoper".

Der Weg des Japaners war der kürzeste. Sein Land und damit sein Start lagen am weitesten südlich. Mein Weg würde mit Sicherheit der längste sein. Viele Tage würde ich brauchen, um von Kiel über Skagen und Fair Island in den Atlantik und auf der Rückreise wieder von dort in die Ostsee nach Kiel zu gelangen. Und gerade dieser zusätzliche Teil meiner Fahrt würde einer der schwierigsten sein, durch die engen Gewässer und dem starken Schiffsverkehr. Bohrinseln und massenhaft Seezeichen stellen höchste Anforderungen an den Einhandsegler.

Auch von deutscher Seite haben sich einige an der magischen Route versucht. Einer ist nicht über die Nordsee hinausgekommen. Von einem anderen weiß ich, daß er ins Mittelmeer abdrehte. Am weitesten kam Dr. Jörgen Meyer. Gut vorbereitet und ausgerüstet startete der 67jährige Chemiker am 21.8.1974 in Cuxhaven. Auf seiner 16 Meter langen BUTERA (Kutter getakelt mit Rollfocks) war ein ungewöhnlich starker Sender (400 Watt) für Kurz- und Grenzwelle installiert, der die notwendige Verbindung zu Frau und Freunden schaffen sollte.

Freunden, die ihn auf der Elbe begleiteten, gab er seine erste Logbuchseite mit: „Tatsächlich werfe ich morgens um fünf die Leinen los, nachdem ich mich von meiner Frau verabschiedet habe. Sie bringt mir ein großes Opfer, indem sie mir Eheurlaub für diese Fahrt gewährt. In Gedanken bleibe ich täglich mit ihr verbunden." Und: „Wenn diese Fahrt erfolgreich verlaufen sollte, so gebührt meiner Frau der größte Anteil am Erfolg."

Mit einem „Im April bin ich wieder da" verschwindet er im Dunst der Nordsee.

Mit seiner Frau und mehr noch mit seinem Freund Helmut Bellmer bleibt er während der Fahrt laufend über Seefunk in Kontakt. Er teilt in Gespräch und Telegrammen Position und Erlebnisse mit, und jedesmal heißt es zum Schluß: BUTERA und Crew o.k."

So endet auch das letzte Gespräch aus dem Südpazifik mit seiner Frau Trudi in Unterpfaffenhofen.

Dann meldet sich Meyer nicht mehr. Später berichtet Helmut Bellmer in der Zeitschrift *Trans-Ocean*:

„Die nach der Erprobung errechneten 120 Seemeilen am Tag, die er mit 105 qm Segelfläche im Schnitt schaffen wollte, konnte er nicht einhalten. Wind und Wetter waren gegen ihn. Enttäuschend langsam kam er voran. Am 6. Oktober überquerte er den Äquator, und am 11. November erreichte er den 38. südlichen Breitengrad. Auch auf der Strecke von der Südspitze Afrikas, dem Kap der Guten Hoffnung, bis nach Neuseeland traf er auf mehrere schwere Stürme mit Orkanböen. Davon einer vom 6. bis 9. Dezember im Indischen Ozean mit 10 bis 12 Meter hohen Wellen und vom 20. bis 22. Januar südlich Australiens. Dabei bewährte sich BUTERA ausgezeichnet. Nicht mal Wasser im Cockpit habe ich gehabt, meldete Dr. Meyer. Am 2. Februar berichtete er: ‚Ich habe die Hälfte meiner Reise geschafft. Ich passiere Tasmanien bei Sturm Stärke 8 bis 11. 166 Tage bin ich auf See und habe 15309 Seemeilen zurückgelegt.' Er war guter Dinge und gesund. Neben der Bordroutine fand er Zeit zum Lesen. Sein letztes Seefunkgespräch führte er mit mir über Wellington Radio, Neuseeland, am 19. Fe-

Einhandsegeln auf dem Ozean hat für mich etwas Überwältigendes. Es bedeutet Weite und Einsamkeit – beflügelt Träume. Das Meer ist die einzige Gegend, wo ich mich nicht als Fremder fühle – das Meer nimmt alle Sinne in Anspruch.

bruar, als er die Datumsgrenze auf 46° 50′ Süd passierte. Diesen Tag erlebte er mithin zweimal. Jetzt waren in 183 Tagen auf See 16754 Seemeilen erreicht. Um zwei Monate war er hinter seinem Zeitplan zurück.

Bedenken, daß bei seiner Passage von Kap Hoorn mit Herbststürmen zu rechnen sei, wies er zurück. Er meinte: ‚Das macht nichts, vor Stürmen fürchte ich mich nicht. Kap Hoorn rückt jedenfalls näher. Sir Francis Chichester passierte Kap Hoorn am 31. März. Viel später werde auch ich nicht da sein. – Nun liegt bis zum Erreichen Feuerlands eine große Wasserwüste ohne Insel vor mir. Schiffe werden mir auch nicht begegnen. Wir werden vorläufig keine Nachrichtenverbindung miteinander haben. Vielleicht erst wieder Mitte Atlantik. Es ist hier sehr schwierig, Funkverbindungen herzustellen, aber ich werde alles versuchen. Sonst geht an Bord alles seinen gewohnten Gang. Butera und Crew o.k.' Das letzte Gespräch führte Dr. Meyer am 22. Februar mit seiner Frau Trudi (Position 46° Süd, 172° West).

Dann begann eine lange Wartezeit, in der sich zunächst keiner ernsthafte Sorgen machte. Auch als er die Mitte des Atlantiks erreicht haben mußte und noch immer keine Nachricht kam, glaubten die Angehörigen und Freunde, daß möglicherweise sein Funkgerät für den Weitverkehr ausgefallen war. Vorsorglich wurden wiederholt über die Deutsche Welle Nachrichten an Dr. Meyer und alle Schiffahrt ausgestrahlt."

Ob ihn die Nachrichten erreichten? Wo in der Weite des Südpazifiks ist er geblieben? Viele Möglichkeiten können erwogen werden: Eis? Ein Eisberg? Kollision mit einem Wal? Seine Rollfocks könnten im Orkan zum Verhängnis geworden sein. Über Bord?

Dr. Meyer und BUTERA blieben verschollen. Meyer, der einsame Segler, wird von der Presse und Fachleuten zerzaust. Er fand wenige verständnisvolle Kollegen. Ihm, der zuvor in hohem Alter bereits problemlos eine schnelle Weltumseglung über die Passatroute geschafft hatte, traute man diese schwere Fahrt mit der BUTERA nicht zu.

Ausschließlich Verständnis und Verehrung erntete dagegen der Franzose Bernard Moitessier, der 1968 die gutdotierte Einhand-Nonstop-Regatta abbrach, um auf einer Südseeinsel, wie er sagte,

,,seine Seele zu retten". Moitessier verschenkte seinen fast sicheren Sieg, indem er nach Passieren Kap Hoorns Richtung Tahiti weitersegelte. Kaum jemand verstand ihn, als er diese Nachricht am Kap der Guten Hoffnung absetzte. Seine Bilder und Berichte gingen rund um die Welt. Siegpreis und Berühmtsein genügten ihm nicht. Er wollte mehr, er wollte Legende sein. Er hatte dafür das beste Timing gewählt: Kurz bevor der erste, Knox-Johnston, in England im Ziel war.

Tatsächlich: Er wurde Legende, als er seine legendäre Fahrt nach 310 Tagen nonstop in Tahiti beendete. Moitessier ist seitdem unter Fahrtenseglern nicht nur ,,Der Segler", sondern der Inbegriff des absoluten Aussteigers. Er kann dazu noch verteufelt gut schreiben und hat sein Boot, die JOSHUA, mit einem Mythos umgeben, wie kein Autor zuvor oder danach. Daß er das Boot später durch Schiffbruch verloren hat wie zwei Schiffe zuvor, kann dem ,,Weltmeister im Schiffeversenken" nichts anhaben.

Die Bücher von Knox-Johnston und Moitessier habe ich mit an Bord genommen. Ferner steht in meinem Regal das Buch von Naomi James, einer Neuseeländerin, die die Reise um die Kaps schaffte – mit zwei Stops. Und dann natürlich der Bericht über die spektakuläre Umseglung Sir Francis Chichesters. Während meiner ersten KATHENA-Reise umsegelte der Brite mit nur einem Aufenthalt – in Sydney – die südliche Route.

Das wären sie – meine Kollegen Einhandsegler.

Und ich – ich lege mich – zum letzten Mal an Land – schlafen. Wenn ich hier wieder liege, bin ich vielleicht ein anderer. Meine ich. Morgen hört das Land auf. Und wo das Land aufhört, beginnt das Meer. – Morgen.

Ostsee, Nordsee und andere Seen

*Wenn sie mir in Schilksee hinterhergerufen hätte: „Komm zurück!"
Ich wär' auf der Stelle umgekehrt. Astrid, meine Frau, hat es nicht
getan. Ich blicke nur auf die Kieler Förde hinaus, nicht mehr
zurück. Mein vierter großer Segeltörn hat begonnen.*

8. September – 1. Tag
Auslaufen: Olympiahafen Kiel-Schilksee

Es ist halb acht, Samstagmorgen. Dunst liegt über der Schlei, sieht nach Schönwetter mit wenig Wind aus. Ich dusche. Die letzte heiße Körperwäsche. Für wie lange? Astrid aus der Küche: „Der NDR hat deine Abfahrt für heute zehn Uhr angekündigt." Mir ist ziemlich flau bei dem Gedanken. Jetzt muß ich wohl endgültig los, sonst kriege ich diese schwere Kurve nie mehr. Ich bin sicher: Ohne Pressemitteilungen würde ich diese Abfahrt nochmals verschieben.

Doch plötzlich habe ich es eilig. Nichts geht mir schnell genug. Kaffee und Toast bleiben stehen. Im Kombi werden die letzten Dinge verstaut: Tomaten, Früchte, Zwiebeln, Möhren (frisch aus dem Garten), Butter, Käse. Im „Backparadies" nehmen wir einen Armvoll verschiedener Brote mit. Bei unserem Krämer hole ich mir ein paar Zeitschriften – vom *Kicker* bis zum *Playboy* ist alles dabei.

Über die Schlei setzt uns der Fährmann kostenlos und wünscht mir gute Fahrt: „So richtig habe ich ja nicht verstanden, was Sie da vorhaben, aber bei Sturm hier werde ich an Sie denken."

Schon um diese frühe Stunde hängt eine Traube von Schaulustigen vor der KATHENA NUI. Wir räumen ein. Richtig verstaut wird nichts mehr, das will ich auf See machen. Jetzt habe ich keine Muße. Nur oberflächlich lasse ich mir Motor und Fernauslösung für meine Fotokamera von einem Pressefotografen erklären. Erst gestern abend bekam ich die Dinger ins Haus. Genauso mein Handfunksprechgerät. Das traue ich mich allerdings nicht auszuprobieren, ich habe keine Genehmigung dafür.

Dann geht es Schlag auf Schlag: Freunde und Bekannte finden sich ein. Flaschen müssen verstaut werden. Tüten mit Proviant. Eine große Apfeltorte. Werkzeug, das ich von einem Fan bekomme: „für alle Fälle". Offenbar stehen doch einige zu meinem Unternehmen. Dieter Markworth schleppt gar einen Anker samt Kette an, nachdem er gehört hat, daß ich nur einen mitführe.

Weitere Dinge nehme ich nur unscharf wahr. Angelzeug, ein Stück Tau, Signalflaggen, Bücher, medizinische Spritzen werden in der Kajüte abgelegt.

Ich bezahle meine drei Tage Liegezeit beim Hafenmeister – 62,50 Mark. Glücklich bin ich, als ich Astrid die Geldbörse überreiche. Damit habe ich für lange Zeit Ruh'.

Ich stelle mich aufs Kajütdach, lehne mich über den Großbaum und verabschiede mich mit wenigen Worten: Es ist soweit. Ich bin fit. Ich fühle mich gut (was nicht stimmt). Ich bin gespannt. Ich bin neugierig (und das bin ich tatsächlich. Wahnsinnig neugierig, wie ich mit allem, Schiff, Psyche, Ernährung, Einsamkeit zurechtkomme. Was ich erlebe und zu sehen kriege).

Wenig konzentriert sage ich, wie die Route in etwa verlaufen soll: Skagerrak, Schottland, ostwärts um Südafrika, südlich von Tasmanien, dann ums Kap Hoorn und nordwärts wieder in Richtung Kiel. Damit mir die Fahrt nicht zu endlos wird, will ich lange Zeit innerhalb der antarktischen Gewässer segeln. Muß also mit Eisbergen rechnen. Um meinen Verabschiedern eine Zeitvorstellung mitzugeben, sage ich, daß ich vor Beginn der Kieler Woche im nächsten Jahr zurück sein werde. Sie findet in der zweiten Junihälfte statt.

Es wird geklatscht. Seltsam, denke ich dabei, du bekommst Beachtung für eine Sache, in der du noch nichts geleistet hast.

In der Kajüte verabschiede ich mich von Astrid und Kym mit einem sanften Kuß und heftigem Drücken. Aus ihrem Schopf schneide ich noch schnell ein Büschel blonder Strähnen. Lege sie in mein Logbuch. Mein Junge klebt mir eine Pfennigmünze ans

Kajütschott. Hat ihn der Aberglaube auch schon erfaßt? Wie es in den beiden aussieht, kann ich nur ahnen. Ich kann meine Niedergeschlagenheit nur durch Tatkraft überspielen. Rasch ziehe ich das Großsegel hoch. Werfe die Festmacherleinen los. Ein kräftiger Schubs, und KATHENA NUI ist frei vom Kai. ,,Kopf hoch, Astrid", rufe ich noch hinüber, bevor ich die rotweißgestreifte Genua setze.

Mit einem Hauch von Westwind manövriere ich an den Stegen vorbei aus dem Hafen. Mein Blick streift über die Menschen, die sich um das Hafenmeistergebäude eingefunden haben. Ich schätze, um die hundert. Unter ihnen erkenne ich Giesel, Barbara, Peter, Rades, unseren Bürgermeister Marxsen und Frau, Sigrid, Dieter,

Nach drei Segeltörns durch die Südsee – erst allein, später mit Astrid und Kym – jetzt die größte Verlockung: Nonstop und allein um die Erde.

Ercks, Paul Ihde und Frau, Karin aus Bornstein und, und... Es ist still, merkwürdig still. Wie während einer Beerdigung.

In der Förde begleiten mich zeitweise mehr als ein Dutzend Boote. Einige Crews reichen mir Geschenke rüber: Bücher, Schokolade, Werkzeug... und immer sind gute Wünsche dabei. Die beiden Weltumsegler Bodendiek und Kirchner sind dabei, Astrid und Kym haben sich an Bord der FREE eingeschifft. Es geht nur langsam voran – mit knapp einem Knoten, so schwach ist der Wind. Und das ist schlimm. So wird der Abschied unendlich. Ich hocke an der Pinne und kann nichts tun, als die beiden da genauso untätig sitzen zu sehen. Ach, ich könnte heulen. Und tue es auch.

Ich reiche meine Kamera rüber, damit Kym noch ein paar Aufnahmen machen kann. Beim Zurückgeben, als die Boote fast touchieren, streicht er meinen Handrücken. Offensichtlich wird ihm jetzt so richtig bewußt, daß es für lange Zeit die letzte Berührung sein wird. Danach ein Winken, ein paar flüchtige Worte, und die FREE dreht ab. Ich drehe mich nicht um. Ich will niemanden mehr sehen.

Ich drücke meine Augen – 300 Tage – mein Gott, steh mir bei: Das Meer ist so weit, mein Boot und ich sind so klein.

In Höhe des Kieler Leuchtturms habe ich letzten Kontakt mit Menschen. Die Yacht MAPE kommt längsseits. Eine reizende Frau reicht mir eine Flasche Champagner rüber: „Für das erste Kap."

9. September – 2. Tag
Grundberührung und Wartezeit

Drei Wege führen zum Skagerrak. Ich nehme den mittleren, den durch den Großen Belt. Vorbei an Langeland, Nyborg, Romsö geht es zügig gen Norden. Eingepackt in Wetterkleidung gehe ich Nachtwache: ein steter Pendel zwischen Cockpit und Kartentisch. Sorgfältig hake ich Bojen und Leuchtfeuer, die schnell auswandern, in den Seekarten ab, weiche Schiffen und Fähren aus. Kein Problem bei dem frischen Südwest.

Nicht aus dem Kopf geht mir der Abschied. Diese Zustimmung von Freunden und vor allem von Fremden hatte ich nicht erwartet. Schon gar nicht in Kiel. Habe mir die dortige Seglerszene reservierter vorgestellt, spöttisch, zweifelnd an Sinn und Ausführung. Habe ich deshalb Kiel gewählt, damit es mich anstachelt? Denn von Deutschland aus gibt es keinen schwierigeren und weiteren Weg um den Erdball.

Nicht aus dem Kopf geht mir auch meine Frau. Wie ich sie bewegungslos am Heck der FREE sah, langhaarig mit Sonnenbrille, verschlossenem Mund und olivgrüner Montur. Ein Bild, das meinen Kopf tot und leer macht. Ich spüre Angst, daß ich sie nie wiedersehen werde. Angst vor dem Angriff, der sich gegen mich selbst richtet. Bei dem Gedanken, daß ich aus dem Unternehmen vielleicht nicht mehr herauskomme, überwältigt mich eine tiefe Zuneigung, eine Liebe zu meiner Frau, wie ich sie nie zuvor kannte. Betäubt, aber zugleich hellwach, segle ich durch die erste Nacht.

Rösnas sichte ich kaum. Es ist diesig, Nieselregen, schlechte Sicht. Barometer fällt stetig. Reffe Groß und Klüver einmal. Yderflak passiere ich mit hoher Fahrt an Backbord – eine Seemeile. Danach stecke ich Kurs nach Grena. Zum Leuchtturm von Förnäs sind es etwa 20 Meilen.

Der Wind stetig aus Südwest, inzwischen 6 bis 7. Höre miserablen Wetterbericht. Danach lege ich mich in die Koje samt Ölzeug, will versuchen, etwas zu schlafen, um für die kommende Nacht fit zu sein. Ich stelle die Uhr, die mich nach einer Stunde wecken soll.

Doch wach werde ich erst, als es mächtig rumst und poltert. Mehrmals in kurzen Schüben stößt der Kiel auf... Grund natürlich. Dabei fliegen all die unverstauten Mitbringsel durch die Kajüte. Eine Welle findet sich gar an Deck an und schwappt durch den offenen Niedergang in die Kajüte. Ich stürze an Deck. Erkenne mit einem Blick auf die Uhr meine Position. Der Hafen an Backbord muß Grena sein. Hilflos schaue ich auf eine Tonne voraus. Was soll ich machen? Ich reiße an der Aries, damit sie uns auf See hinausbringt. Dann berge ich den Klüver. Die Tonne ist inzwischen achteraus, die See ruhiger. Ich schaue in die Karte. Gegenüber in West, das muß wirklich Grena sein. Verdammt, das hat noch gefehlt. Echolot zeigt 7 Meter. Also habe ich die Untiefe wohl passiert. Waren es Steine? War es Sand? Anfangs war der Stoß ziemlich hart und laut, oder habe ich mich getäuscht, weil ich aus tiefem Schlaf kam?

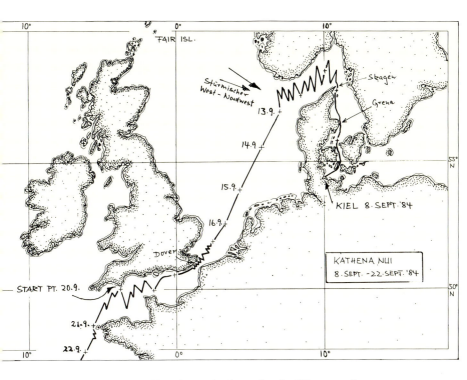

Was ist zu tun? Ich reiße ein Bodenbrett hoch. Wasser schwappt in der Bilge. Kann das Wasser nur durch den Niedergang gekommen sein? Eigentlich ist es zuviel. Ich reffe das Groß, zweites Reff ins Groß. Treiben. Warten. Überlegen. Besser wäre der Hafen, der so nah ist, so verlockend. Eine halbe Stunde, und all der Kram wäre vergessen.

Ich lege Kurs in die Bucht zwischen Grena und dem Leuchtturm Förnäs. Was ich da will, weiß ich nicht. Ich kann keinen brauchbaren Gedanken fassen. Ich will entweder unter Segel warten oder vor Anker. Alles checken. In die Nacht hinein mit diesem Mißgeschick – nein!

Um 17 Uhr werfe ich den Anker. Ich bin zu nah unter Land, der Wind dreht auf Süd und nimmt zu. Ich stecke mehr Tau.

Wir haben nur noch zwei bis zweieinhalb Meter Wasser, dazu heftige Dünung. Das Wasser schwappt in der Bilge. Ist es mehr geworden – weil es so anders plätschert?

Ich lenze. Reglos sitze ich eine Weile auf dem Kajütboden, umgeben von ausgeschüttetem Reis, Tomaten und Obst, das zerquetscht ist. Wieder will die Traurigkeit von gestern über mich kommen – ich kann nicht widerstehen. Ich sehe den Hafen, ich sehe den Felsen mit dem Leuchtturm. Die eine Richtung sagt: aufgeben, die andere: weiterkämpfen. Vernunft und Instinkt quälen mich. Wer wird gewinnen? Aber ich kann auch in Stücke zerrissen werden. Auf zweieinhalb Meter Wassertiefe – in Legerwall!

Ich spüre das Unglück doppelt. Ich schäme mich: Nur bis Grena bist du gekommen, 125 Meilen auf deinem 30 000-Meilen-Törn. Leergebrannt sehe ich meinen Willen, meine brüchige Philosophie in Scherben, meine auf Vernunftsgründen basierende Planung und Vorbereitung durchlöchert.

Nach einer Weile bekomme ich Kopfschmerzen, und die Glieder tun mir weh. Der Luftdruck fällt weiter, Regenböen jagen übers Deck. KATHENA NUI liegt unruhig in der fast querlaufenden Dünung, rollt mächtig, zerrt am Ankertau. Der Wetterbericht gibt mir den Rest: Wind 80 Stundenkilometer, dazu aus West.

Diese Grundberührung hat mich bis ins Mark erschüttert. Kein Quentchen Mut in mir. Überzeugt, die Fahrt sei belanglos und im Hafen nebenan leicht zu Ende zu bringen, gehe ich an Deck.

Das Groß ist schnell oben, flattert im Wind, während ich Hand über Hand Ankertau einhole. Hatte wohl über 40 Meter gesteckt. Eine verteufelt schwere Aufgabe. Immer wieder muß ich Pausen einlegen, während das Tuch erbärmlich schlägt. Seit der Abfahrt nichts mehr gegessen, nur ein wenig vom Apfelkuchen abgebrochen. Es dämmert bereits, als ich endlich frei bin.

Komisch, unter Segel sind die Bewegungen des Bootes weitaus erträglicher, ja, fast angenehm. Und unwillkürlich sehe ich mich klar vom Leuchtfeuer steuern. Verdammt noch mal, KATHENA NUI, wollen wir weiter? Wollen wir es riskieren?

Ich habe, ohne nachzudenken, meine Wahl getroffen. Wie immer es ausgehen mag, eine Umkehr kommt nicht in Frage. Kurs Nord in die Nacht hinein. Das starke Leuchtfeuer von Förnäs wird mir den Weg zeigen – alle zwanzig Sekunden ein Blink. Hinzu kommen noch die zahlreichen Leuchttonnen zwischen Förnäs und der Insel Läsö.

10. September – 3. Tag
Skagen Rev

Er hat recht, der Wetterbericht: Es weht mit 8 und 9 aus West bis Süd. Regenböen lassen mein Boot oft in den Wind schießen. Die Aries Selbststeueranlage hat nicht die Kraft, Kurs zu halten. Erst als ich alles runterreffe, wird's erträglich. Ich nehme die Dinge ohnehin nur noch aus brennenden Augen wahr. Müde stiere ich auf das, was zuerst erledigt werden muß. Ab und zu schließe ich die Augen und wäre lieber zu Hause auf dem Sofa und läse Geschichten von nasser See. Ich schlafe nicht ein. Nochmals nicht.

Am Tage ist es dann wieder einfacher, mit der Müdigkeit zu Rande zu kommen. Läsö Rende wird abgehakt. Dieser Turm, weiß in der Mitte, ist gut sichtbar. Viel los hier oben: Fischerboote, Fähren, Kriegsschiffe. Und dann Skagen, das erste richtige Kap. Um

Ein letztes Foto, das Kym von mir beim Start in der Kieler Förde macht. Es ist der 8. September 1984. Die Fahrt hat begonnen.

bei diesem Sturm nicht zu weit nach Osten versetzt zu werden, schneide ich Skagen Rev. Fünf Meter, 4,5 Meter, 4,2 Meter ergeben die Lotungen. Ich ärgere mich furchtbar, viel zu flach bei diesem Seegang. Hatte ich nicht gestern erst Trouble mit dem Grund? Schoten dicht und wenig Tuch, so falle ich in den Skagerrak. 3 bis 4 Knoten Fahrt. Dunkle Nacht. Schiffe. Naß.

12. September – 5. Tag
Schamloser Skagerrak

Ich bin schlecht dabei. Komme nicht voran, und meine Position ist schleierhaft. Um meinem Katzenjammer Ausdruck zu verleihen, reiße ich das Bild meiner „Beiden" von der Schottwand. – Bedrückend, alles!

Schamlos, wirklich schamlos gibt sich der Skagerrak. Irgendwo zwischen Kristiansand und Hansholm kreuze ich gegen einen stürmischen Westnordwest, schon den zweiten Tag. Echt schauerlich das Wetter – kalt und gischtig. Ich muß mich zwingen, wenigstens meine seemännischen Aufgaben einigermaßen zu erledigen. Wenden fahren, Schiffen ausweichen oder mit den Segeln arbeiten. Zeitweilig stampft KATHENA NUI nur mit durchgerefftem Groß gegen die heranrollenden Wellen.

Manchmal habe ich den Eindruck, ein kräftiger Strom setzt mich zurück. Nachlesen, wie sich hier die Strömungen verhalten, kann ich leider nicht, das Seehandbuch fehlt mir. Ich habe nur die ohnehin schon voluminösen Handbücher des *Atlantischen Ozeans* und der *Antarktis* an Bord.

Seit Kiel bin ich nicht aus den Kleidern gekommen. Mir fehlt die Kraft, die Überwindung, auch dazu, mir ein warmes Essen zu kochen. Schlimm, daß ich keinen Spritzschutz überm Niedergang habe, so dringt immer wieder Wasser durchs Luk. Eine Frage beschäftigt mich sehr, sorgt mich gar. Warum kommt immer wieder Wasser in die Bilge? Ruhestunden genieße ich nur bei Tageslicht, ich döse ausgestreckt in den feuchten, klammen Klamotten auf dem Kajütboden, den Kopf auf den Segelsack gebettet.

14. September – 7. Tag
Fair Island will mich nicht

Endlich, mit vielen Unterbrechungen, einige Stunden tief geschlafen. Der Wecker hat funktioniert. Die Folge: Hunger. Ich koche Haferbrei und dazu eine ganze Kanne Tee. Schlaf ist die beste Medizin, denn langsam weicht die Betäubung, die mich seit der Abfahrt lähmt. Ich recke mich mächtig und finde, daß es die erste ruhige Nacht auf See war. Ich räume endlich auf, entferne Schmutz und mache überhaupt das Schiff innen sauber, so gut ich kann. Das Boot zieht bei den inzwischen leichten südlichen Winden mit fast dichtgeholten Schoten allein einen Kurs zwischen 270 und 210 Grad.

Fair Island will mich nicht. Die Insel zwischen Schottland und den Shetlands ist out. Ich habe jetzt vor, durch den Englischen Kanal in den Atlantik zu gelangen. Bis gestern abend nur West und Nordwest, da bin ich unweigerlich tief in die Nordsee reingerutscht. Jetzt, bei diesem Südost, den Kurs zu ändern, also Fair Island anzusteuern, wäre fast Dummheit.

Aufwind gibt mir der Wetterbericht von Radio Bremen: Für morgen wird Südsüdost angesagt. Da spielt die schlechte Sicht auch keine Rolle mehr.

Um 23 Uhr rausche ich fast in ein mit vier Tauen verankertes Schiff rein. Erst in letzter Minute kann ich der am Heck sich abzeichnenden Trosse ausweichen. Bohren die da nach Öl? Und dann später sichte ich auch die unbeleuchtete Boje. Dieser Schreck hält mich den Rest der Nacht hellwach.

15. September – 8. Tag
Mickis Tod

Heute vor einer Woche: Gott stehe mir bei! Ich höre den NDR und schmiere mir ein Marmeladenbrot, ich kann meine Gedanken nicht wegpusten. Was macht ihr zwei? Deine selbstgemachte Marmelade bekommt mir, verbindet zu sehr. Denke dabei gleich an dich, an euch. Runder Tisch, frische Brötchen, Hühner und Hof. Ich glaube, du warst richtig verzweifelt, total aufgelöst. Ich weiß, es ist einfacher zu gehen, als verlassen zu werden. Zu genau erinnere ich mich an deine Worte beim Plänemachen: „Wenn du fährst, dann brauchst du nicht wieder zu mir zu kommen, ich baue ein anderes Schloß in die Tür ein." Aber so im Gleichschritt leben, ohne Höhen, ohne Tiefen, möchtest du doch auch nicht.

Ich habe einen kleinen Vogel an Bord – zugeflogen gestern. Heute früh weckt er mich, indem er sich auf meinen Kopf setzt und piepst. Danach schläft er auf meinem Kopfkissen – und scheißt prompt drauf. Er frißt ordentlich: Brotkrumen und Wasser. Ich taufe ihn Micki, weil er einen so strubbeligen Kopf hat und ziemlich töricht ist. Gegen Abend finde ich ihn auf dem Kopfkissen. Tot. Ich werfe ihn über Bord, lange schaue ich ins Kielwasser.

Mehr Sorge als die ungenaue Position (Nebel und schlechte Sicht) macht mir der Aberglaube. Um den Tod auf dem Kopfkissen abzuwenden, werfe ich kurzentschlossen eines meiner Cassettengeräte über Bord, als Opfergabe.

17. September – 10. Tag
Dover und Lady Di

Schlechte Sicht. Zeitweise Nebel. Rechts und links Dampfergeräusche. Der vierte Tag ohne Ortsbestimmung.

Als ein Tanker mich ganz dicht passiert, hole ich das Sprechfunkgerät heraus. Lese erst mal flüchtig die Gebrauchsanweisung und stelle fest, das Gerät arbeitet auf zwei Kanälen – 6 und 16. Auf 16, dem UKW-Kanal, sprech ich ihn an: „Sailing boat KATHENA is calling the tanker with the green funnel – course Dover." Die Antwort kommt so prompt, daß ich sprachlos bin und verdutzt frage, wieviel Meilen es noch bis Dover sind. Antwort: „50 Miles to go." Ich hüpfe über Deck, aufgeregt bin ich – es funktioniert. Klar und deutlich. Es wird mir möglich sein, demnächst – vielleicht in Nähe der Kanaren – Nachricht via Schiff abzusetzen. Damit kann ich Leben herauspressen. Ich bin ganz glücklich, obschon seit Tagen ohne Kojenschlaf. Wirklich eine ausgezeichnete Idee, mir so ein Gerät mitzugeben. Unverständlich, daß ich mich so zierte, erst nach Frontmachen von meinem Weltumseglerfreund Giesel und meiner Familie kam es an Bord.

Wind von vorne. Weiße steile Kaps auf den Wellen: Das „Funkhoch" ebbt etwas ab.

In Erwartung einer positiven Wetteransage höre ich verschiedene englische Radiosender. Doch alle teilen euphorisch mit: „A son to Lady Di and Prince Charles." Eine Meldung, die alle anderen Nachrichten überstrahlt. Ich freue mich irgendwie mit. Vermutlich, weil die deutschen Nachrichten zu oft mit schlechten Mitteilungen beginnen.

Verzweifelt versuche ich, wach zu bleiben. Je näher ich der Straße von Dover komme, desto mehr brist der Wind auf. Ab Boje F3 wird es stürmisch, und zusätzlich setzt der Strom gegen. Für Stunden passiere ich auf meinen Kreuzschlägen diese Boje. Ich bin verwirrt, das kann doch nicht wahr sein. Ich schütte Kaffee in mich rein, um wach zu bleiben, nicht die Orientierung zu verlieren.

Bei Falls-Feuerschiff beginnt der höllische Fährverkehr – Schiffe, die auf ihr Recht drängen, die schnell sind und schon mal zickzack fahren. Harmlos dagegen – für mich – der parallel zu Dover verlaufende Dampfertreck. KATHENA NUI kreuzt gut und erfolgreich. Kurz vor Mitternacht stehe ich vor Dover.

19. September – 12. Tag
Kreuzen im Kanal

Morgens um vier Uhr reißt eine Übertragungsleine der Aries. Mühsam, mit dem Kopf übers Heck hängend, schere ich eine neue ein. So ein Mist, eine elendige Fummelei. Es gelingt nicht, auch nachdem ich einen Draht und Schraubenzieher zu Hilfe genommen habe. Ich muß beide Umlenkrollen ausbauen. Jetzt darf mir keine über Bord fallen, ich habe zwar eine komplette zweite Anlage in Reserve, aber keine Rollen. Nach zwei Überkopfstunden klappt es. Bin stolz, es geschafft zu haben. Eine handwerkliche Tätigkeit, gut ausgeführt, gab mir schon immer eine besondere Zufriedenheit.

Die fünfte Nacht ohne Schlaf ist damit zu Ende. Warum kann ich an Land nicht mal mehrere Nächte ohne Schlaf sein, warum klappe ich da schon nach einer zusammen? Unlust und Schlappheit verfolgen mich dann den ganzen Tag.

Der Kurs noch immer hoch am Wind. Alle paar Stunden eine

Wende zwischen der Isle of Whight und den Kanalinseln. Bei 6 bis 7 habe ich Fock und zweimal gerefftes Groß gesetzt. Durch diesen verfluchten Kreuzkurs begegne ich unzähligen Schiffen.

In meinen zehn- und zwanzigminütigen Schlafblöcken träume ich von A. Unglaublich detailgetreu. Ihr verlangender Blick: Komm zu mir.

20. September – 13. Tag
Start Point oder Rot und Grün voraus

Der 13. Seetag wäre auch fast der letzte gewesen. In der Abenddämmerung fast von einem Frachter übergemängelt. Genau Vierkant hatte ich ihn. Ich sah ihn zu einer Zeit, als ich noch nicht so sorgsam Wache ging, eben zu einer Tageszeit. Mein Boot wird

Nordsee und Englischer Kanal zermürben mich. Starker Schiffsverkehr, Bohrinseln, schlechte Sicht und der Zwang Nacht für Nacht Wache gehen zu müssen.

irgendwie weggerissen, vom Sog, von der Bugwelle. Bis mir die Situation deutlich wird sehe ich über mir eine schwarze hohe Wand mit einem roten Positionslicht. Schnell ist der Frachter weg – ich bleibe zurück, mit killenden Segeln.

Schiffe! Schiffe!

Ich halte mich nach diesem Zwischenfall an die nördliche Seite des Englischen Kanals. Passiere Start Point – bei schauerlichem Wetter – Sturm und Nebel. Jedoch muntert mich diese Ecke ein wenig auf. Hier starteten die Segler Sir Francis Chichester, Robin Knox-Johnston, Bernard Moitessier und Naomi James zu großen Reisen. Sie sind mir durch ihre Bücher so vertraut. Während sie sich von hier aus frisch und munter ins Unternehmen stürzten, bin ich zu diesem Zeitpunkt schon ausgelaugt. 1257 Seemeilen abgesegelt und wohl fünf Kilo abgenommen.

Zwiebeln, frisch aus unserem Garten, müssen anfangs so oft wie möglich in der Sonne trocknen.

21. September – 14. Tag
Maverick zu See

Mittags habe ich Ushant querab, ausmachen kann ich die Inseln nicht. Schlechte Sicht und harter Nordwest. Dazu ungewöhnlich hohe See, vermutlich weil die atlantischen Seen hier auf flaches Wasser stoßen. Durch den Kanal bekommt mich keiner mehr freiwillig. Ich meine solo und nonstop. Nicht einmal von Cuxhaven aus.

Ich bin fix und fertig, des Kampfes müde. Groggy. Kein Mumm mehr, wenig Wille. Beim Setzen der Achterlaterne klappe ich im Cockpit zusammen, ich kippe nach hinten weg über Pinne und Steuerseile. Wäre ich einen Schritt weiter achtern, hätte es übel ausgehen können, ich bin nicht angegurtet, und das Backbord-Schandeck zieht durchs Meer, so viel Lage hat mein Boot. Zuviel, um ohne Lifebelt an Deck zu sein.

Ich zittere förmlich vor Schwäche. Vermutlich bin ich ganz weiß im Gesicht. Schlaf und Essen, daran mangelt es – ich weiß es. Kann nichts dagegen tun. Würde Herr Strepp aus der *Yacht*-Redaktion mich hier so sehen, er würde mich abführen, in Handschellen, alle Scheine konfiszieren und mich zur Strafe nie mehr segeln lassen. „Aber solche Mavericks zur See haben ja besonders feine Sinne, weil es nur wenig gibt, was sie ablenkt." Ich gebe zu, es ist einfach zu viel. Auch wenn ich argumentieren kann: Bei einer eventuellen Kollision mit einem Handelsschiff oder einem seegehenden Fischerboot bleibt die KATHENA NUI zweiter Sieger. Also biete ich keine unmittelbare Gefahr.

Vor gut 20 Jahren, als ich zu segeln begann, hatten die meisten Schiffe drei Leute auf Wache bei Nacht und zwei bei Tag. Heutzutage wird der Ausguck auf eine Person reduziert, die nicht mal in Wind und Wetter auf der Nock steht, sondern vermutlich in einem geschlossenen Raum mit Klimaanlage sitzt, in den kein Geräusch dringt. Genaugenommen ist das ein Bruch der Seefahrtsbestimmungen. Dies ist keine Kritik, sondern eine Feststellung.

22. September – 15. Tag
Kyms Taschenlampe

Ein Wahnsinnsseegang. Ein Wind, genauer, ein Sturm, der mich fast von Deck weht. Unheimlich weiß die See. Die zweite Reffreihe einbinden geht ganz gut. Ich muß das Groß stehenlassen, um bei diesem Weststurm nicht auf Ushant und auf die 30 Seemeilen südlich liegenden Inseln und Felsen getrieben zu werden.

Eine Nacht – die wievielte? Ich kippe fast aus den Stiefeln, die ich längst nicht mehr ausziehe, mich schafft das Wetter. Seit Ansteuerung von Dover nur Gegenwind, Gegensturm – diesig und kalt.

Um Mitternacht ist es soweit, daß ich die dritte Reffreihe einbinde. Eisig und naß, steif die Finger. Mir fällt die Taschenlampe aus der Hand und plumpst über Bord. Eine, die ich in letzter Minute mitgehen ließ, in der Meinung, Lampen kann man nicht genug an Bord haben. Kym hat sie nur halbherzig rausgerückt, sie ist ein Geschenk seines Düsseldorfer Opas. Eine, an der er sehr hängt. Auf einmal kommt meine ganze Misere durch. Bei heulendem Wind um 9 und 10 hänge ich ungeschützt über dem geschlossenen Niedergang und weine mir den ganzen Schmerz aus Körper und Seele. Ein Breakdown, wie ich ihn nur alle paar Jahre bekomme. KATHENA NUI steuert einen Kurs um 60 Grad am Wind mit 4 bis 5 Knoten Fahrt. Gischt und Seen stören mich nicht, ich halte mich in Ölzeug und ohne Kopfbedeckung fest am Niedergangsbügel. Schlimmer kann es doch nicht kommen.

Letzte Nacht, während meiner zehn- und zwanzigminütigen Schlafperioden, wieder von A. geträumt. Tief hat sie mich angeschaut.

23. September – 16. Tag
Ein Sonntag der kein Sonnentag ist

Der Sturm wütet auch heute früh mit voller Kraft. Die See ist furchtbar, schlimmer denn je. Ich kann sehen, daß das Wasser hier nicht tief ist, freilaufende Wellen bäumen sich nicht so wild auf. Ein paar von diesen Wellen krachen in unregelmäßigen Abständen

Als ich endlich die Biskaya erreicht habe, setze ich die rotweiß gestreifte Genua. Mit einem Glas Rosé feiere ich meine ozeanische Wiedergeburt.

gegen die Steuerbordseite und landen an Deck. Ich halte das Boot noch immer auf Backbordbug mit dreifach gerefftem Großsegel und mache damit 2 bis 3 Knoten.

Ein Sonntag mit trockenen Brotscheiben und Wasser und wieder ohne Schlaf. Letzte Nacht habe ich nicht einmal geruht. Ich tue nur noch alles automatisch, ohne den geringsten Gedanken. Die Angst vor den nahen Felseninseln hat sich gelegt. Hundemüde verweben sich in meinem Kopf Gefahr, Technik und Traum. Neben der würgenden Sehnsucht nach meiner Familie denke ich unaufhörlich an die Seefahrt mit der ersten KATHENA.

Das war 1965 während des Spanienbesuches, als ich einem Engländer mein erstes Boot abkaufte. Als ich dann zehn Monate später mit dem 7 Meter langen Holzboot loskam, war mein Wunsch, einhand die Welt zu umsegeln, bereits sechs Jahre alt. Schon vier Jahre vor dem Start ließ ich mir den Blinddarm rausnehmen und begann eisern zu sparen. Um dies auch durchzuhalten und mit der See vertraut zu werden, fuhr ich vier Jahre auf skandinavischen Schiffen zur See.

In Alicante, wo ich meine KATHENA gefunden, gekauft und ausgerüstet hatte, ließ ich mir die Grundkenntnisse der Astronavigation beibringen – von niemand geringerem als Bernard Moitessier, der dort nach seiner Kap Hoorn-Umrundung monatelang am Kai lag. Vom Segeln selbst hatte ich auch keine Ahnung. Bei meinem ersten Versuch segelte ich im Hafenbecken vierkant gegen eine Mole. Paradoxerweise hatte ich eine Holzspiere über den Bug stecken, die den größten Aufprall abhielt, aber in drei Stücke zersplitterte. Und drei Bruchstücke bedeuten Glück. Ich bin abergläubisch.

Doch noch im Mittelmeer wäre ich ein paarmal wegen mangelhafter Navigation fast auf Felsen gebrummt.

Amerika fand ich dank der Fregattvögel, die sich selten weiter als hundert Meilen von Land entfernen. Am 47. Tag machte ich meinen Landfall auf der Karibikinsel St. Vincent. Danach ging es weiter nach Panama. Dort versorgte ich mich mit Uhr und einem Radioempfänger, somit konnte ich endlich die genaue Länge berechnen. Ohne Schwierigkeiten segelte ich nach Port Moresby (Papua-Neuguinea) mit einem längeren Stop auf der Südseeinsel Tahiti.

Hier im Südpazifik stellte ich plötzlich fest, daß meine KATHENA viel Wasser machte. Tropische Bohrmuscheln – Teredos – fraßen in meinen Planken. Dünne Fontänen von 3 Millimeter Stärke, dicht an dicht, füllten die Bilge. Ich nahm Streichhölzer und steckte sie in die Löcher.

Von Moresby ging es in 98 Tagen über den Indischen Ozean nach Kapstadt. Nach nur sechs Häfen wollte ich von dort aus ohne Halt nach Helgoland.

Das dicke Ende kam zwischen England und Helgoland. Während dieser zwölf Tage saß ich fast ununterbrochen im Ölzeug an der Pinne. Tag und Nacht – wie ich das geschafft habe, weiß ich nicht.

Zudem war es noch April, und ich hatte neben verschlissenem Ölzeug nur Jeans und Gärtnerstiefel. Den Kocher konnte ich nur einmal am Tag anmachen, weil ich keinen Brennstoff mehr hatte. Und nirgends konnte ich mich richtig aufwärmen.

In der Biskaya hatte ich mehrmals Sturm, verstauchte mir dabei Rippen und verletzte mich am Handgelenk. Schwere Schmerzen im Rücken quälten mich danach bis nach Helgoland, das ich nach 131 Tagen erreichte. Das war sie – meine erste Weltumseglung.

Erst gegen Mittag zeigt das Wetter eine Änderung. Bis dahin war der Sturm eine einzige ununterbrochene Bewegung aus Westnordwest. Nun wird er schwächer und unstet.

24. September – 17. Tag
Meine ozeanische Wiedergeburt

Die Blinkleuchte im Masttop arbeitet seit Abfahrt, jede Nacht, auch die Positionslichter. Ich freue mich, daß die Batterie keine Schwäche zeigt. Ein Problem war allerdings die Nässe im Boot und das Wasser in der Bilge. Im letzten Sturm habe ich die Fehler gefunden. Im Cockpitbereich wurde schlecht geschweißt, paar Löcher undicht. Ich nehme an, es lag daran, daß die Arbeiter das Cockpit zu hoch gebaut hatten und dann wieder raustrennen mußten. Habe mit Sikaflex abgedichtet.

Was für ein Tag heute: Das Meer glänzt. Leichte Schäfchen am Himmel. Das Boot zieht sanft durchs Wasser.

Ich esse heute zweimal warm. Muß wieder zu Kraft kommen. Abends brate ich Kartoffeln und Eier, dazu gibt es Möhren und Zwiebeln – alles Sachen aus unserem Garten. Danke, bist 'ne Klasse Frau. Ich werde kämpfen, dich wiederzusehen. Sowas wie gestern wird mir nicht noch einmal passieren. Ich weiß: Wie leichtsinnig, mich gehenzulassen. Hätte mehr auf meinen Körper achten sollen.

Meinen Freunden sagte ich bei der Abfahrt: Wenn ich den offenen Atlantik erreiche, habe ich Chancen, die Fahrt nonstop zu Ende zu führen. Aus Erfahrung weiß ich, daß das Stück bis hierher für Einhandsegler mörderisch ist. Ostsee, Nordsee und vor allem der Englische Kanal solo wird sicher das schwierigste Stück der gesamten Fahrt sein.

Ich schenke mir in der Abendstimmung ein großes Glas Rosé ein, um meine ozeanische Wiedergeburt zu feiern. Ich schaffe noch ein zweites. Mich zu betrinken, nichts sonst beschäftigt mich. Es gelingt mir nicht ganz, obschon ich für die Nacht angeknipst habe. Toplicht, Positionslicht, Petroleumlampe, zwei starke Taschenlampen, die das Segel anleuchten. Der Ozean hat mich wieder.

Der Regenbogen ist eine Lichterscheinung, die durch Brechung des Sonnenlichts im Regentropfen entsteht. –

Atlantik südwärts

Die Schwierigkeiten beginnen schon einige Wochen später im Atlantik. Mein Trinkwasser aus dem frisch gestrichenen Alutank stinkt furchtbar. Glücklicherweise kann ich in den heftigen Regenschauern am Äquator mit einer Pütz unterm Großsegel ausreichend neues auffangen.

26. September – 19. Tag
Der Ausbau geht weiter

Was für ein herrlicher Tag. Luft 27 °C, Wasser bereits 20 °C. Ich dusche am Heck, wasche mir mit Seewasser und Shampoo ALLES. Daß ich so schmutzig bin, hätte ich nicht gedacht. Fummel danach an Deck herum. Die Taue der Selbststeueranlage, die ich fortan nur Aries nennen will, schamfilen. Schere erneut neue ein und lenke sie mit zwei zusätzlichen Blöcken anders. Ansonsten bin ich mit der Anlage hochzufrieden. Bei diesem leichten Südwest steuert sie zum Teufel gut. Bei halbem Wind und 4 Stärken nur fünf bis zehn Grad zu jeder Seite Ausschlag. Ich könnte das nicht selber – auf Dauer!

Dafür habe ich andere Sachen zu tun, zum Teil unheimlich wichtige. Mein Schiff ist nämlich noch längst nicht fertiggebaut. Viele Arbeiten habe ich verschoben in der Meinung, sie später auf See erledigen zu können. Und jetzt, bis zum heutigen Tag, habe ich nichts gemacht. Als alter Listennotierer stelle ich erst mal eine Liste auf: Netze im Bugbereich an der Reling knüpfen und anbringen, damit mir die Segel nicht immer ins Wasser plumpsen. Segelschützer an den Wanten montieren, Niedergang mit Gummidichtung umranden, endlich einen Spitzschutz überm Eingangsluk anfertigen, ein Sonnensegel nähen, das auch zum Auffangen von Regenwasser dienen soll, Fenster dichten (sechs lecken, liebe A.), weitere Haltegriffe in der Kajüte befestigen, Geschirrhalterungen,

Klappen, Batterien kippsicher verzurren und alle Bodenbretter verschrauben, Kajüte – paar blaue Farbstreifen reinbringen. Auch die Festmacherklampen an Bug und Heck sind noch zu montieren. Ob ich aber dazu komme – ich glaube es selbst nicht. Sind auch nicht unbedingt notwendig, schließlich bin ich auf Nonstopfahrt und will nirgends anlegen.

Über die Auflistung komme ich nicht hinaus. Liebeskummer! Suche A.'s Bild – kann es nicht finden (verdammt, auch mit Hilfe der Taschenlampe nicht). Muß mit dem *Playboy* vorliebnehmen.

Den Tag beschließe ich bei Neumond mit Kakaocognac. Dabei nehme ich mir den Antarctic-Pilot vor.

29. September – 22. Tag
Meine Genua ist fast ein Beinbruch

Vor der Reise habe ich mir ein Durchschnittsetmal von 115 ausgerechnet: Bei 31000 Seemeilen ergäben das 269 Seetage. Gekommen bin ich bisher auf einen Schnitt von 106. Diese Rechnerei gefällt mir. Bei Genuawetter und heutigen 148 Meilen.

Mit dem schönen Wetter steigt die Moral. Kraft und Lust gleichfalls (bei Sonne bin ich immer gut drauf). Drei warme Essen bereite ich mir, zwischendurch putze ich die Kochecke – eine wirklich notwendige Arbeit. Bekleckert mit alten Speiseresten wirkt sie ekelerregend. Ich hatte schon große Bedenken wegen Krankheiten.

Die Genua ist einfach zu groß: 43 qm und Crash-Cut-Schnitt, das bedeutet, daß das Tuch zum Teil doppelt liegt. Kriege sie bei Wind 4 schon nicht mehr über die Winde richtig dichtgeholt. Und dann das Einsacken. Eine Mühe, das Monstrum in den Sack zu kriegen, und dann paßt der in kein Loch. Als ich die Genua heute wegen zunehmenden Windes ins Vorluk pressen will, dabei wie Rumpelstilzchen auf dem Sack hüpfe, hätte ich mir fast das Schienbein gebrochen. Mit einem Mal flutscht der Sack durch und ich hinterher. Das Schienbein blutig, vor allem schmerzend. Die Sache hätte übel ausgehen können; die Lukenumrandung ist scharfkantiges Alu.

Zweites Pech. Nackt liege ich ausgestreckt auf der Koje. Während ich den nachlassenden Schmerz in meinem bandagierten Bein

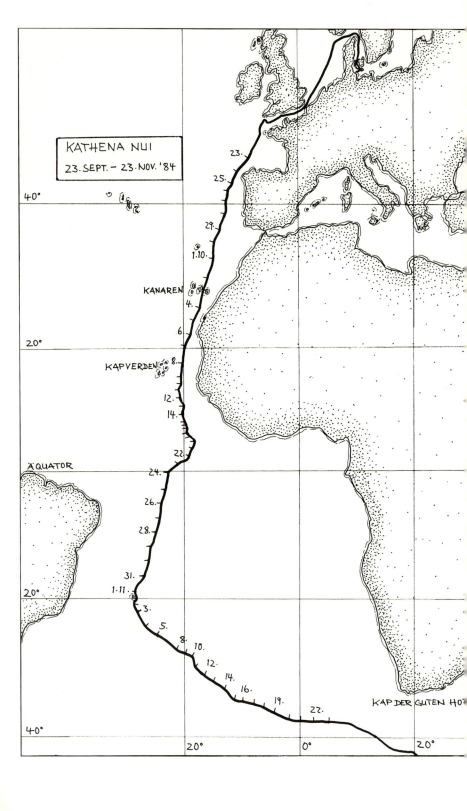

genieße, fällt plötzlich bei den rollenden Bootsbewegungen ein schweres gebundenes Buch, noch originalverschweißt, also hart wie Stein, auf meinen Bauch.

2. Oktober – 25. Tag
Das Spaghettisieb

Der Dreck Europas liegt hinter mir. Beim Duschen mit Seewasser jedenfalls kaum Schmutz im Haar und auf dem Körper. Auch meine Wäsche ist sauberer. Ich wasche sie gleich mit meiner vollautomatischen Waschmaschine: das Bündel Zeug im Schlepp an einer Leine habe ich sie bei 6 Knoten auf drei Stunden programmiert.

Finde A.'s Brustbild, pappe es ans Schott. Macht die Kajüte gleich gemütlicher. Zusätzlich montiere ich eine Papua-Schnitzerei, die mich schon auf vielen Fahrten behütete. Klebe die Windskala, damit ich die Meilen pro Sekunde von meinem Hand-Anemometer besser umrechnen kann, übern Kartentisch. Und für meinen Proviantverbrauch fertige ich eine Liste zum Abhaken an. Die breiteste Spalte ist für Bier. Davon habe ich 96 Dosen gestaut. Wenig Raum brauche ich für Käse, Brotdosen, Rum und Kaffee, denn davon habe ich vermutlich nicht genug.

Erstaunlich, daß ich in der Eile der Vorbereitungen nichts Wesentliches vergessen habe. Bisher ist mir nur aufgefallen, daß ich ein Spaghettisieb sehr vermisse. Mein englisches Wörterbuch (versehentlich das italienische eingepackt) und der Duden fehlen.

Jedesmal, wenn ich an Deck komme, freue ich mich über mein selber verlegtes Teak im Cockpit. Es fühlt sich weich wie Samt an, ist sauber und rutschfest. Gut, daß ich mir noch zwei Tage vor dem Stapellauf so viel Mühe gemacht habe. Die Arbeit ist mir gelungen, obschon es mich einen gequetschten Daumen kostete. In Hast suchte ich in der Werft Bleibarren zum Beschweren der frisch verklebten Leisten. Ich fand sie in irgendeiner Ecke, natürlich nicht hübsch aufgestapelt, sondern krumpelig auf einem Haufen. Beim Rausziehen war es dann passiert, der linke Daumen geriet dazwischen. Nur wenig später war der rechte Zeigefinger dran. Mit zwei abblätternden Nägeln stach ich in See. Während der nassen Tage halte ich die Finger mit Heftpflaster geschützt.

Unwahrscheinlich rutschfest ist mein gesandetes Deck. Fühle mich sehr sicher drauf. Trotzdem denke ich mehr an Über-Bord-Fallen als sonst. Schleppe daher ein Tau nach, ich nenne es „meine Nabelschnur". Das Übel mit dem bestens gesandeten Deck: Segel- und Wetterkleidung leiden, wenn sie darauf hin- und herrutschen. Die Fock hat bereits mehrere kleine Löcher. Schade, so gute und tadellose verarbeitete Segel hatte ich noch nie. Auch der Klüver hat ordentlich gelitten – am Schothorn.

3. Oktober – 26. Tag
Mitten durch die Kanaren

Ein Schiff! Das erste, das mir seit der Biskaya nahekommt. Leider nur ein winziges Kümo aus Zypern. Nicht zu gebrauchen, um eine Nachricht weiterzuleiten. Möchte jetzt A. unbedingt ein Zeichen geben, deswegen segle ich auch mitten durch die Kanarischen Inseln durch. Sie macht sich sicher Sorgen. Es wehte ordentlich, kurz nach der Abfahrt, und dann ging ein mächtiger Orkan über die Nordwestecke Spaniens. Da war ich glücklicherweise gerade vorbei.
 Der Tag ist super!
 Sehr gute Sicht: an Backbord deutlich die steilen Berge von Fuerteventura und Lanzarote, mittags gar Teneriffa und Gran Canaria. Überprüfe meine Astronavigation: Länge stimmt, Breite drei Seemeilen zu weit nördlich. Ich stecke meinen Kurs in einer Karte ab, die ich bereits 1966 und 1969 benutzte. Mancher mag mir Leichtsinn vorwerfen, mit alten und unkorrigierten Seekarten zu hantieren, aber was soll's, ich will die Häfen und Buchten ja nicht ansteuern, und die Berge sind noch da, selbst das Leuchtfeuer La Isleta de la Luc stimmt noch. Als alle 30 Sekunden der Blitz über meine KATHENA NUI streicht, bin ich nicht frei von Gedanken an die damaligen „einmaligen" Zeiten. Unbekümmert und ungestüm nahm ich damals 1966 von Las Palmas aus den Atlantik in Angriff. Nur mit der Breite (Geld für eine Uhr fehlte mir) erreichte ich die Westindischen Inseln. Schon 600 Meilen vor meinem Ziel hielt ich mehrfach am Tage und in der Nacht von der Mastspitze Ausschau nach Land – so unsicher war mein Standort. Einziges Aufputsch-

mittel für die 46 Tage Überfahrt waren sechs Flaschen Bier und eine ungehemmte Leidenschaft für das Neue.

Schwiegermuttertage nannte ich meinen zweiten Besuch 1969 in Las Palmas mit A. Ihre Mutter, Ingeborg von Heister, wollte von hier aus mit ihrem zehn Meter langen Trimaran ULTIMA RATIO den Atlantik überqueren. Allein! Neben Segelerfahrung hatte sie auch alle Scheine, trotzdem war sie noch unsicher. Ingeborg brauchte schon einen ordentlichen Schubs von uns, aber sie schaffte dann nicht nur die Überfahrt, sondern auch die wesentlich schwierigere Rückfahrt, ebenfalls allein über die Bermudas und Azoren. Eine Erstleistung, die in Deutschland wenig Beachtung fand. Nach kurzen Meldungen in den Fachzeitschriften ging sie irgendwie unter.

4. Oktober – 27. Tag
26°31′ N–16°04′ W

Insgesamt drei Stunden geschlafen. Nicht gerade sehr viel. In der Nacht zuvor war's noch weniger. Entsprechend fühle ich mich. Die Nachtwachen sind zu blöd, machen lustlos und bedrücken. Nach Mitternacht, zur schlimmsten Zeit, frage ich mich: Müssen sie sein?

Seltsamerweise kommen mir hier nur nachts die Dampfer zu nahe, tagsüber ziehen sie weit am Horizont ihren Kurs. Zu gerne hätte ich ein Telegramm schicken lassen, doch bis jetzt ist mir kein ordentliches Schiff am Tage vor den Bug gekommen. Ich möchte das Schiff, das ich anspreche, dichtbei sehen, außerdem hat mein Gerät nur eine Reichweite von gut 5 Seemeilen.

Für die kommende Nacht erwarte ich die Handelsschiffe weit an Backbord, unter der afrikanischen Küste. Da gehören sie nämlich hin – laut Routenkarte. Mein Kurs soll mich dicht östlich der Kapverden vorbeiführen.

Außer Schwäche fühle ich Herzbeschwerden. Platt liege ich auf dem Rücken in der Koje. Bin ich zu schlapp für das Südmeer? Habe ich mit meinen 44 Jahren eigentlich noch die Kraft für die hohen Breiten? Diese Fragen bewegen mich sehr, besonders nach dem Stimmungseinbruch in der Biskaya. Wenn ich die Windrosen in meinen Pilots betrachte, wonach ich Tausende von Meilen durch

Gebiete segeln werde, in denen die Sturmhäufigkeit über 20 Prozent beträgt, sinkt mein Mut – mein Vertrauen zu mir selbst. Kurz: Mir wird bange.

Oder sinkt der Mut mit zunehmendem Alter? Mein Vorhaben erscheint mir plötzlich groß, riesengroß. Psychisch nicht zu schaffen. Und das Ganze trage ich auch noch auf dem Rücken der Familie aus ...

„Eigensinniger Bursche" – salopp versuche ich solche Gedanken abzuwiegeln.

6. Oktober – 29. Tag
Zitrone und Rum gegen Skorbut

Läuft verdammt gut. Die Etmale: 134, 153 und heute 158. Im Surf pendelt das Log um 12 Knoten. Fasziniert starre ich auf die Anzeigen. Dabei summt der Ruderschaft eigenartig, bereitet mir allerdings keinerlei Sorgen, ist ja alles überdimensioniert. Der Kurs ist stabil, die Rose schlägt selbst bei der hohen Geschwindigkeit nur 15 Grad zu jeder Seite aus. Immerhin fällt der steife Nordost-Passat raum ein, also ein schwierig zu haltender Kurs. Am Nachmittag mache ich 42 Meilen in sechs Stunden, das ist mir fast zuviel. Es scheppert ganz ordentlich, denn die Seen gehen inzwischen hoch und brechen. Ich kürze.

Der Himmel grau in grau, ohne jegliche Struktur. Ich höre die Bundesligaspiele in meinem Kurzwellensender. Und danach – mehr zufällig – Helmut Bellmer aus Cuxhaven: „Trans-Ocean grüßt KATHENA NUI mit Wilfried Erdmann auf einer Nonstop-Weltumseglung von West nach Ost." Trans-Ocean ist ein Verein von Hochseeseglern und Bellmer der Macher.

Ich freue mich. Antworte mit ausgepreßter Zitrone und Rum – soll ja nicht nur gegen Skorbut nützlich sein!

7. Oktober – 30. Tag
Die Sahara kommt an Bord

Der Passat hat sich zum Sturm entwickelt, zu einem richtigen Sandsturm von Nordost, von Afrika her. Fühle mich nicht gefähr-

*Regenwasser aufzufangen ist ein Muß.
Meistens tue ich es mit einer Pütz unterm Großsegel.*

Meine „Waschmaschine". Ein bis zwei Stunden im Schlepp und meine Wäsche ist sauber. Damit kein Spritzwasser durchs Luk kommt, nähe ich ein Tuch, das über die Rohrbügel gespannt wird.

det, aber meine schönen weißen Segel! Zum ersten Mal auf all meinen Fahrten fahre ich neues Segeltuch. Und jetzt dies. Das Tuch ist vom Wüstensand gelblich und mit schwarzen Streifen durchsetzt. Das saubere Tauwerk ebenfalls. Überhaupt das ganze Deck schmierig. Und das Rigg erst! Sogar in die Kajüte hat sich der Sand verirrt.

Dafür mache ich mit 12 qm gut Meilen. Der Schnitt nach 29 Tagen – 115! Beeindruckt mich. Mit Sicherheit wurde KATHENA NUI anfangs nicht optimal gesegelt. Werde die Genua öfter setzen – aber der Teufelssack.

Ärgerlich, daß der Niedergang leckt, versuche, mich zu beruhigen, indem ich an unsere Haustür denke. Ist auch nicht dicht, wenn der Regen draufprasselt.

9. Oktober – 32. Tag
Farbe im Kaffee

Beginne ein heikles Unterfangen: Pumpe gut 100 Liter Trinkwasser aus dem Haupttank und vergeude es. Habe ein ungutes Gefühl dabei. Muß aber sein, denn das Wasser schmeckt furchtbar nach Farbe. Selbst im Kaffee, im Tee und in der angerührten Milch. Schlimm, daß ich den frischgestrichenen Alutank – mangels Zeit – nicht lange genug gelüftet habe. Glücklicherweise ist noch ein Zweittank mit 100 Litern Kapazität vorhanden – ungestrichen. Trotz allem, jetzt heißt es höllisch aufpassen in den kommenden Regenböen.

Auf 15°N und 21°W komme ich in den Kalmengürtel. Wind in Schüben zwischen 0 und 3. Die Segel schlagen, die alte Dünung aus Nord steht noch. Die Frage: Wie lange werden die Kalmen dauern, wann erwische ich den Südost-Passat des Südatlantiks? Dieser Südost ist der beständigste aller Passate.

Meine „Mitsegler", Moitessier und Knox-Johnston, bekamen ihn auf 4°N und 15°W zu fassen. Da will ich auch hin. Naomi James und Francis Chichester auf dem Äquator, etwa 22°W. Da will ich nicht hin. Der Schnittpunkt unter der afrikanischen Küste erscheint mir günstiger. Darauf halte ich jetzt Kurs – soweit das bei Flaute möglich ist.

10. Oktober – 33. Tag
Wie ein Indianer im Tipi

Ich schwimme ... Gott, ist das ein Genuß! Im Wasser treiben. Die Wärme spüren. Frei und unbeschwert plansche ich neben KATHENA NUI. Kein Fisch, kein Vogel. Nur mein Boot und ich. Überhaupt ein Tag, den ich genieße. Nackt geschlafen, nackt mein Porridge gefrühstückt, nackt endlich den Spritzschutz für das Luk genäht. Nach dem Ausprobieren nenne ich das Ding spontan Tipi, denn ich fühle mich darunter wie ein Indianer in seinem Zelt: sicher und geborgen. Paßt in der blauen Farbe auch gut zur Kajüte. Abends schwimme ich nochmals. Bei 29°C Wassertemperatur ist das Bad eigentlich wenig erfrischend.

Sterne, Vollmond. Ausgestreckt im Cockpit trinke ich eine Dose Bier, höre Kyms Tonband, Musik, Gespräche und Tips! „Bei Sturm alle Segel runter." Versunken antworte ich gelegentlich. Die Einsamkeit bedrückt mich nicht, höchstens der Gedanke an all die vielen Dinge, die noch getan werden müssen, bevor ich in das Südmeer komme.

12. Oktober – 35. Tag
KATHENA NUI – Goltoft SVC TO

108 Meilen, in den Kalmen, ein Etmal zum Küssen. In der Früh, nach einer durchschlafenen Nacht, komme ich an Deck, und KATHENA NUI liegt genau auf Kurs, zwar bei nur wenig Fahrt, aber immerhin auf den gewünschten 170 Grad. Ich freue mich riesig. Um meiner Freude Ausdruck zu geben, küsse ich spontan den Niedergangsbügel und denke: Mein Boot bleib bei mir.

In dieser Aufwallung mache ich mich gleich daran, endlich am Heck Namen und Heimathafen des Schiffes aufzumalen. Mit Leiste und Bleistift ziehe ich vier waagerechte Striche. Und dann kopfüber gebeugt geht es los. In der einen Hand die Dose roter Farbe, in der anderen den Pinsel. Frei aus dem Handgelenk beginne ich mit dem allerletzten Buchstaben. Die untere Reihe GOLTOFT SVC TO gelingt mir trotz Schaukelei, während in der oberen Reihe die Buchstaben von KATHENA NUI schon leicht zittern. Goltoft steht für meinen Wohnort an der Schlei, SVC für meinen Verein (sind nette und hilfsbereite Cuxhavener), und im TO bin ich ebenfalls Mitglied (Trans-Ocean fördert das Hochseesegeln).

Ich finde, ein Schiff muß einen Heimathafen haben und ihn auch zeigen. Auch KATHENA NUI, mein kleines Aluboot, soll nicht heimatlos durchs Leben taumeln.

14. Oktober – 37. Tag
MS MARE SARINA

Sonntag, auch für mich. Setze um 9.30 Uhr eine Positionsmeldung nach Hause ab: „09°45′ N–20°09′ W, komme ganz gut klar." Mein erstes Telegramm ist unterwegs.

Mann, was für eine Freude! Und die Situation, wie es auf den Weg kam, entbehrt nicht einer gewissen Komik. Da sichte ich doch im morgendlichen Dunst nur 3 Meilen querab von KATHENA NUI einen Frachter. Das Schiff wandert nicht aus, es treibt. Ich ändere den Kurs, um näher zu kommen. Vergeblich reiße ich an den Schoten. Kaum ein Hauch, wie schon die ganze Nacht über. Ich hole mein Handfunkgerät an Deck, versuche mit dem Schiff Kontakt aufzunehmen. Nichts. Wie es da so driftet, wirkt es wahrhaftig wie ein Geisterschiff. Immer wieder versuche ich es. Mir wird mulmig bei dem Gedanken, daß es ein Schiff sein könnte, das nicht entdeckt werden will.

Endlich. Nach vielen Versuchen „KATHENA calling the drifting ship north of the equator" und einer halben Stunde meldet sich eine Stimme. Die Verbindung ist einwandfrei. Der Funker erzählt, daß sie hier Order abwarten, tagelang. Weiter erfahre ich, daß die MARE SARINA einer deutschen Reederei gehört und fünf Deutsche unter der Crew sind. Wenig später bin ich mit einem meiner Landsleute, Kapitän Buttjor, im Gespräch. Ohne zu zögern ist er bereit, meine Position nach Hause zu funken. „Über die Kosten machen Sie sich mal keine Sorgen. Wenn ich zu Hause bin, rufe ich Ihre Frau an. Die kann mir dann das Geld schicken."

Na, das wird ein Hoch für A. und K.! Vielleicht kommt das Telegramm heute noch in Goltoft an. Ich male mir aus, wie die beiden reagieren: ein Sprung an die Decke (die ist bei uns nicht sehr

Warten auf Wind in den äquatorialen Kalmen. Etmale um 30 Seemeilen sind jetzt die Regel. Dazu in der Kajüte 40 °C und mehr. Aluminium, schlecht isoliert, heizt sich enorm auf.

hoch), K. heftig drückend, mit dem Finger auf die Weltkarte, ein Bier ... und ein zweites. Ich reagiere mich mit dem Wechseln einer Düse im Petroleumkocher ab. Später hocke ich auf dem Vorschiff, knüpfe beidseitig im Bugbereich mein langersehntes Relingnetz. Noch lange sehe ich die Silhouette der MARE SARINA am Horizont.

15. Oktober – 38. Tag
Umlaufend 1 bis 0

Mein erster Gedanke: Ob sie die Nachricht schon erhalten haben?
Der Körper heiß und trocken, fühle mich nicht wohl. Die ganze Nacht ging es: Genua hoch, Genua runter. Mal an Backbord, mal an Steuerbord. Dann mußte sie wieder ausgebaumt werden. Ergebnis: ein 48-Meilen Etmal. Zum Verzweifeln bei diesen umlaufenden Winden. Das einzig Positive: in einer leichten Regenwolke 30 Liter brauchbares Trinkwasser aufgefangen – mit Sonnensegel.
Habe Kopfschmerzen vom Segelschlagen. Wozu all dieser Kram, diese Anstrengung? Niedergeschlagen frage ich mich: Lohnt sich das für zehn Zeilen in der FAZ (wenn überhaupt), einige Seiten in der *Yacht,* Kurzberichte und Fotos in norddeutschen Tageszeitungen. *Stern? GEO?* Bisher habe ich in dieser Richtung nichts getan. Einfach zu kaputt, um Fotos zu machen. Trübe Gedanken quälen mich: Geldbeschaffung, Werftzeit. Bin ich vielleicht deshalb deprimiert, weil ich durch das Telegramm wieder mehr mit meiner Familie konfrontiert wurde?
Jedenfalls schere ich mich ab Mittag nicht mehr um den Kurs. Lasse KATHENA NUI laufen, wohin sie will. Zwei Schwalben besuchen mich. Muntern mich nicht auf.

17. Oktober – 40. Tag
Die weiße Bö

Wenn es am Tage pechschwarz wird, zieht eine Regenbö auf. Das weiß ich. Aber daß der Wind mit 26 m/s wie eine Wand andüst, das konnte ich nicht ahnen, als heute KATHENA NUI flachgelegt wird. Die Fock habe ich unten, das Groß will ich gerade reffen, als es passiert. Unvorstellbar diese Plötzlichkeit. Mit jedem Schritt an Deck nimmt der Wind um eine Stärke zu. Die Regentropfen sind so gewaltig, daß sie 50 und 60 cm hohe Fontänen auf dem Meer bilden. Ich würde sagen, für Sekunden kann man keine Hand zwischen Meer und Salingsnock legen, so krängt in dem Windstoß mein Boot. Das Groß mit einem Reff ist zu diesem Zeitpunkt mitschiffs. Nach 30 bis 40 Minuten ist der ganze Spuk vorüber. KATHENA NUI dümpelt in der nachlaufenden See. War es eine von diesen legendären weißen Böen, die von Afrika aufs Meer ziehen? Ich streife einen Pullover über, mir ist kalt. Selbstverständlich lief ich nackend rum, als die Bö herandüste. Der Rücken fühlt sich an wie mit Nadelstichen gepiekst. Wasser habe ich nicht aufgefangen.

21. Oktober – 44. Tag
Der große Regen

Regen, Regen ... Damit habe ich überhaupt nicht mehr gerechnet. Erwartete inzwischen den Südost-Passat. In einer Stunde fange ich 100 Liter auf. 100 Liter! Sie zählen für mich doppelt, eben weil ich nicht damit rechnete. Einfach toll. Und ein Gewitter dabei. Sagenhaft hell, blendet richtig. Oh, Mann! Angst vor einem Blitzschlag habe ich nicht. Alu leitet gut.

Seit elf Tagen hänge ich in den Kalmen, torkelt KATHENA NUI durch die See. Mensch, jetzt müßte ich doch bald durch sein. Mein Schnitt ist von 116,2 bis zu den Kapverden auf 100,8 gesunken. Beschämend.

Andererseits kann ich nicht dauernd an Deck hantieren, schließlich habe ich noch über 200 Tage vor mir. Um mich abzulenken, höre ich Kyms Band: Seine Stimme verwirrt mich manchmal, ich denke, er steht neben mir. Höre ihn auch in manchen Quietschgeräuschen an Deck. Verwirrend, eigentlich ... jedenfalls nicht aufmunternd. Ganz möchte ich aber auf das Band nicht verzichten, höre mir gern die Musik an. Zum Glück habe ich nicht auch noch A.s Stimme an Bord.

Die Schwalben, die mich seit Tagen begleiten, sind fort. Habe sie aus der Kajüte verjagt.

Nächste Doppelseite:
Abendstimmungen
sehen jedesmal anders aus. Sie sind für mich
bei normalem Wetter die schönste Zeit
des Tages auf dem Meer.

22. Oktober – 45. Tag
Auf Ein-Bein-Abstemm-Kurs

Mitten in der Nacht, auf ungefähr 4°N und 19°W, setzt sich der Südost-Passat durch. Wie ein Schnellboot zieht KATHENA NUI an. Innerhalb von Minuten von behäbigen 2 auf beständige 6 Knoten. Die Segel – Groß, Fock und Klüver – stehen prall. In den Schoten einen kleinen Schrick, mit 60 Grad am Wind läuft KATHENA am besten. Mit Fontänen von Gischt geht es durch die Nacht.

Als ich in der Früh – sechs Uhr – wach werde, zeigen sich kleine Kumuluswolken, am Unterrand rosa und malvenfarbig von der aufgehenden Sonne angestrahlt. So sehe ich es direkt durchs offene Luk aus der Hundekoje – ohne aufzustehen. Ein schöner, unvergeßlicher Eindruck. Ich schlafe gern in der Hundekoje. Der Blick in den Sternenhimmel ersetzt mir die Kontrolle auf dem Kompaß, und morgens dieses blau-weiße Wolkengefieder.

Ich bin glücklich, wieder im Passat zu segeln. Es ist eine Art Segeln, bei der man nicht viel tun muß. Ein gleichmäßiger Rhythmus in einer Gegend, in der nicht viel passiert, die aber doch anziehend wirkt. Spannungen lösen sich, besonders wenn man aus der Zone der Windstillen kommt, wo ständige Manöver, klappernde Blöcke und schlagende Segel zum Leben gehören. Manchmal war das in den letzten zwölf Tagen mehr, als ich vertragen kann.

24. Oktober – 47. Tag
Äquator passiert

Tolle Fahrt. Unheimlich, wie der Bug mit 7 Knoten in die See hämmert. Naß und unbequem, aber wir machen Meilen. Mit einem besonderen Essen aus Anlaß der Äquatorüberquerung wird es daher nichts. Reiße eine Dose Astra auf, muß genügen. Daß die Gischt übers ganze Schiff sprüht, stört mich nicht. Ich kann mich ja trocken und geschützt unterm Tipi verkriechen.

Ab und zu hole ich Luft an Deck, um mich zu erfrischen, denn in der Kajüte ist es so heiß, daß ich mit meinen schwitzigen Fingern kaum diesen Stift halten kann.

Ich beginne, mich einzuleben. Beobachte wieder mehr die See, das gurgelnde Kielwasser, die Furche, die wir durchs Meer ziehen. Noch in Sichtweite schließt sie sich, ein Nichts hinterlassend. Nicht einmal Abfälle. Die verbrenne ich bei schönem Wetter in einer Keksdose. Jedenfalls die, die nicht verrotten.
40 Grad Lage. Ruckartige Bewegungen. KATHENA NUI segelt jetzt wie auf einer alten, holprigen Straße.
Bei allen Arbeiten muß ich mich bei der Schräglage festhalten und mit einem Bein abstemmen. Ich nenne diesen Kurs „Ein-Bein-Abstemm-Kurs". Ob beim Sonne-Schießen, beim Studieren der Seekarte mit Zirkel und Dreieck oder beim Kochen, immer muß ich mit einem Bein abstützen, um die Balance zu halten.

29. Okt. – 52. Tag
Fahrstuhlschübe

Tage verstreichen. Unablässig schiebt sich KATHENA NUI durch die See. Der Bug geht wie ein Fahrstuhl auf und ab. Aus dem vorbeirauschenden Wasser höre ich einen einzigen Kehrreim: Meilen – Meilen – Meilen. Mit Hochgefühl stecke ich in der Seekarte die Super-Etmale ab: 150, 161, 152, 141, 153, 155. Meine gute Verfassung basiert natürlich auf dem ausgezeichneten Vorankommen. Die Route zeigt zur Ilha da Trindade. Habe vor, dort Post abzuwerfen. Meiner Detailkarte zufolge kann ich ganz dicht ran. Meine Freude wird auch nicht gemindert, als ich beim Pinkeln am Heck durch eine Gischt irritiert werde, den Halt verliere, beinahe über Bord plumpse. Habe zwei „Nabelschnüre" im Schlepp, Steuerbord und Backbord eine. Überlege lange, ob ich augenblicklich die Kraft hätte, mich bei 7 Knoten Fahrt Hand über Hand ranzuziehen. Früher konnte ich das leicht, momentan bin ich nicht überzeugt. Wenn ich bedenke, daß ich so im Laufe des Tages zehnmal zum Heck stiefle. Eine unerwartete Kreuzsee, eine ausrauschende Großschot, ich weiß nicht. Werde es sein lassen, direkt über Bord zu pinkeln. Mit einer Pütz vorliebnehmen. Ich habe trotz meiner zwei Schlepptaue Respekt.
Stimmungsvoller Sonnenuntergang: viel Rosé. Neumond. Ich vermisse den Mond, der mich, allein in der Nacht auf See, begleitet.

Habe heute zuviel Knoblauch gegessen. Fünf Zehen. Stoße auf und stinke wahrscheinlich fürchterlich. Soll ja gesund sein, besonders für Menschen, die nicht ausreichend mit Frischkost versorgt sind. Soll auch anregen, nur hier, 5000 Meilen von zu Haus ... Visionen kommen und gehen. A. ist allgegenwärtig. Wie wird sie mit dem Alleinsein fertig? Vielleicht tut so ein zeitlicher Abstand uns beiden gut, vielleicht gibt es danach wieder mehr Gefühl, Zeit, Aufmunterung, Verständnis für den anderen. Ich glaube, ich kann auch nach der Fahrt mit A. glücklich sein.

Mit dem Alleinsein werde ich gut fertig. Mit dem Boot auch. Birgt keine Probleme. Die paar Leckstellen sind abgedichtet, das Entlüftungsrohr am zweiten Wassertank habe ich dichtgestöpselt, denn bei Krängung lief Wasser über und sammelte sich in der Bilge.

30. Oktober – 53. Tag
5635 Meilen von zu Haus

,,Happy birthday to you" ... ich schmettere ein Ständchen für K., der heute 12 Jahre wird. Wo habe ich seinen Geburtstag nicht schon gefeiert: Düsseldorf, Kap Ferrat, Betio, Ponape, und auch schon auf See, während unserer Südseereise. Mann, war das ein Wahnsinnstörn. Nicht zu überbieten an Erlebnissen, Landschaften, netten Menschen, und immer diese Wärme. K. ist einige Jahre im Paradies aufgewachsen, wer kann das von sich sagen – ich vermisse ihn sehr.

Ab heute kulminiert die Sonne in Nord. Sie wird nicht von irgendwelchen Segeln verdeckt. Das macht die Arbeit mit dem Sextanten während der Kulmination für mich leichter. Dann: Rekord-Etmal mit 167 Meilen.

Was für ein Tag! Jetzt noch ein richtiges Essen: schäle Kartoffeln und Zwiebeln und reibe sie (mit der Tupper-Reibe, so eine tolle haben wir nicht mal zu Hause). Es gibt Reibekuchen und Apfelmus – alles aus unserem Garten. Lecker! Suche eine Flasche Wein, finde dabei in der vorderen Bilge Käseecken. Was für Delikatessen ich noch an Bord habe!

1. November – 55. Tag
Ilha da Trindade

Ein seltsamer Augenblick: Trindade steigt aus dem Meer. Genau vor dem Bug, zu dem Zeitpunkt wie vorgesehen. Ja, was wäre das Meer ohne Inseln. Immer wieder bewegend, wenn die Navigation sich als richtig herausstellt, auch für mich, der zig Inseln angesteuert hat. Wenn sich die Konturen deutlich abzeichnen, dabei die Erwartung kribbelt: Wie sieht das Land aus, kahl, zerklüftet oder grün und buschig? Eine Verlockung kommt in mir hoch – ein paar Schritte am Strand, ein Essen in Gesellschaft, ein kurzer Schnack.

Aber ich weiß nicht einmal, ob die Insel bewohnt ist. Weiß nur, daß sie 1239 Fuß hoch ist und 3 x 5 Seemeilen groß. Das steht auf meiner Seekarte. Handbuch fehlt. Habe aber noch die Beschreibung Moitessiers an Bord, der damals auch hier Nachrichten loswerden wollte. „Im Fernglas erkenne ich deutlich die kleine Siedlung. Sie ist winzig und nimmt sich überaus reizvoll aus. Ich mache ein langes und rotes, ein wenig bizarr anmutendes Gebilde unmittelbar im Brandungsgürtel aus, das mir rätselhaft vorkommt. Es könnte eine Mole sein."

Auf meiner Detailkarte ist keine Mole eingezeichnet. Seit Moitessier hier war, sind 15 Jahre vergangen. Da kann sich einiges geändert haben. Vielleicht sind die Bewohner abgewandert. Wer weiß, was sonst passiert ist, heutzutage geht alles schneller.

Der Wind flaut leider ab. Ostsüdost 1. Ich schaffe den Landfall vor Dunkelwerden nicht, da nutzt auch die Genua kaum. Zehn Meilen nördlich der Insel drehe ich bei, berge das Vorsegel, binde ein Reff ins Groß und treibe am Wind. 21 Uhr, einige Lichter an der Küste, das Leuchtfeuer ist nicht auszumachen.

Ich habe einen dicken Brief an A., den ich, mit einigen Filmrollen, posten will. Schreibe in der Nacht noch einen zweiten. (Die problematischen Erlebnisse habe ich geglättet oder weggelassen). Inzwischen bin ich ja besser zuwege, die paar faulen Tage im Passat haben mir gutgetan. Das Päckchen wickle ich in mehrere Plastiktüten, lege zehn Dollar mit rein und bin guter Hoffnung. Wer so viel Licht brennt, hat bestimmt ein Boot am Strand liegen, mit dem man zur KATHENA kommen könnte, um Post abzuholen.

2. November – 56. Tag
Niemand zeigt sich

Trindade ist schön. Angestrahlt im weichen Morgenlicht wirkt die Insel anziehend. Ich kann mein Auge kaum losreißen von dem, was sich da zeigt: zerklüftete Felsen, grüne Flächen, rötliche Felskanten. Ich möchte so viel wie möglich erfassen, es speichern für die rauhen Tage, die bald kommen.

Um 7.30 Uhr stehe ich dicht vor der Insel. Die Aries ist ausgekuppelt, ich steuere von Hand. Ich sehe Bäume, es sind Laubbäume, allerdings nur in der Nähe der Siedlung. Zähle zehn weißgetünchte Häuser, alle mit Vorgärten, die mit weißgekalkten

Ilha da Trindade: Eine bewohnte Insel, die auf 20 Grad südlicher Breite und 29 Grad westlicher Länge liegt, und zu Brasilien gehört. Um Briefe abzugeben, segle ich ganz dicht unter Land.

Steinen umrandet sind. Das verwundert mich. Sowas riecht nach Militär. Habe ich früher in den Tropen schon häufiger gesehen. Dazu die hohen, nicht zu übersehenden Antennenanlagen.

Um acht Uhr stehe ich 200 Meter vor dem Strand auf gut zehn Meter Wassertiefe. Komisch, kein Leben zeigt sich. Mit dem Fernglas suche ich die Küste ab: nicht mal ein Hund, weder vor Anker noch hochgezogen auf dem Strand ein Boot. Deutlich zeichnet sich aber eine Rampe ab. Diese breite, betonierte Rampe gibt mir das letzte Zeichen: Militär. Lieber fort. Damit will ich hier unten nichts zu tun haben. Eine schnelle Wende, und ich gewinne Raum. Zwei Versuche via UKW Kontakt aufzunehmen, bringen auch keine Klarheit. Es meldet sich niemand.

Auch die Umrundung der Ostbucht, die ich fast schneide, ist zauberhaft. Ich bin von den Felsspitzen, Rundungen und all den Farben ganz hingerissen. Vielleicht brauchen meine Sinne nach all dem Blau diese kräftigen, satten Töne: grün, rotbraun, schwarz.

Der „Mißerfolg" tut meiner guten Laune nichts. Ich bin nicht traurig, nicht einmal wegen der Briefe. Moitessier tröstet mich, hat hier auch nichts ausrichten können. Bei ihm zeigten sich zwar Leute, allerdings rührten sie sich nicht von der Stelle, als er mit der JOSHUA dicht vor dem Strand trieb. Seltsam, seltsam, ist es womöglich eine Gefängnisinsel?

Die einmalige Schönheit Trindade liegt weit achteraus. Ich spucke in die Hände, denke verstärkt an meine Fahrt. Was noch alles so vor mir liegt, welches wohl die nächste Insel ist, wie die dann wohl aussehen mag.

4. November – 58. Tag
Die Riesenkiste

Sonntag, strahlend blauer Himmel. Wind 4/halb. Ich lebe!! Angenehme Temperaturen: 26°C/Kajüte, an Deck 25°C und Wasser 23°C. Beginne den Tag gleich mit einem ordentlichen Frühstück: Haferbrei, Kaffee, zwei Scheiben Schwarzbrot aus der Dose, belegt mit Speck. Ich fühle mich großartig – und stark. Mit Säge, Hammer und Nägeln mache ich mich ans Verschalen der schweren Flüssigkeitsbatterien. Sie sollen mir nicht durch die Kajüte schießen. Genauso die Bodenbretter, für die ich allerdings Schrauben benutze.

Dann kommt der Niedergang dran. Anstelle der zwei Steckschotten säge ich aus 30 mm-Sperrholz ein fixes, wasserdichtes, so daß ich jetzt nur noch durchs Luk „aussteigen" kann. Einhandsegeln ist wirklich eine komplexe Angelegenheit. Was für eine „Riesenkiste"! Mit Navigieren und Segeln können allein ist es nicht getan. Man muß handwerkliche Fähigkeiten mitbringen: Segel nähen können, am Kocher Geschick beweisen, Wäsche waschen, technische Geräte warten und reparieren. Man muß aber auch Mut mitbringen, organisieren, seine Kräfte einteilen, schwindelfrei sein, die Kraft haben, einen Mast zu besteigen, tauchen, um auf dem offenen Meer Bewuchs zu entfernen. Und nicht zuletzt muß man sich aufs Nichtstun verstehn, also das Talent haben, sich selbst zu beschäftigen, wenn nichts zu tun ist.

7. November – 61. Tag
Muntermacher-Bö

Eine Regenbö holt mich aus der Koje. Nackt haste ich an Deck, berge die Fock, binde eine Reffreihe ins Groß und werde dabei gleichzeitig geduscht.

Diese Muntermacher-Böen gibt's jetzt öfter. Seit ich vorgestern den Passat verlassen habe – auf 26 Grad –, segle ich in den sogenannten Roßbreiten, die sich bis zum 40. Breitengrad erstrecken.

Augenblicklich habe ich eine unbequeme Windrichtung: Süd 5 bis 7. Gewünschter Kurs ist Südost. O Schreck – so trübe habe ich den Himmel lange nicht gesehen. Die Nackttage sind vorbei. Hole Pullover und Wollsocken raus. Luftdruck steht fest.

12. November – 66. Tag
Ein richtiger Fünfer mit Seen

Schön, wie KATHENA NUI durchs Meer zieht. Es gurgelt und plätschert. 7, 7 1/2 Knoten, ein richtiger Fünfer aus Nordost. Ich bereite mein Boot weiter auf das rauhe Südmeer vor. Aries, mein liebstes Stück an Bord, bekommt Schmiere und nochmals neue Steuerseile. Schneide ein ganzes Bündel Bändsel zurecht, entere den Mast, um alle Bolzen und Schäkel zu überprüfen (mühsam ohne Maststufen und ohne Übung). Ausgepumpt mit flacher Atmung baue ich noch einen „Wellenbrecher" – ein Kojenbrett, damit ich bei hartem Seegang nicht rausschleudere. Dabei hoble ich noch einen halben Fingernagel weg. Mit den Nägeln habe ich so meine Probleme. Die beiden anderen kommen in Ordnung – wird höchste Zeit. Mit Regenbö um 16 Uhr Winddrehung, auf Nordwest mit hohen Seen. Rollen heftig. Da ich heute noch nichts Anständiges gegessen habe, mache ich mir nach der Drecksarbeit (halsen, ausbaumen, Regenwasser auffangen – vier Liter) Pannekoken. Nicht die süßen, sondern Speckpfannkuchen: Auf einen

Eierkuchenteig lege ich Speck und Zwiebeln und wende die in der Pfanne. Sie schmecken mir sehr. Speckseiten habe ich ohnehin im Dutzend von meinem Metzger mitbekommen; eingeschweißt halten sie sich offensichtlich tadellos. „Speck gibt Murre", sagte mein Vater immer.

Nach einem Liter „English Tea" höre ich deutsche Nachrichten: Parteispenden – Horten ist jetzt dran. Flüchtlinge in den Botschaften, Arbeitslose und so weiter. Langweilt mich. Außer den Bundesligaergebnissen höre ich kaum noch Radio. Dudel auch kein Band mehr. Lese jetzt verstärkt. Seit drei Tagen ist Michener dran: *Die Bucht* – 925 Seiten! Engzeilig und kleingedruckt – leider. Bei Petroleumlicht geht das auf Augen und Kopf, nehme zusätzlich Taschenlampe zu Hilfe.

Etwas später für Minuten in der untergehenden Sonne ein Wahnsinnslicht. Ich kann mich nicht überwinden, die Kamera rauszuholen, und genieße so die Stimmung. Hell, mild, gelblich.

15. Nov. – 69. Tag
Zwei britische Versorger

Total bedeckt, Segel schlagen in einer langen Nordwest-Dünung – flip, flap, flip, flap. Schoten knarren und zerren an den Gleitrollen, manchmal zu stark, aber noch ziehen sie. Ich bin gerade auf meiner „Toilette", außenbords hänge ich am Relingsdraht, schaue währenddessen gelangweilt zum Bug und ... bin völlig verwirrt, sehe ich doch gleich zwei Schiffe, wie ein Pärchen, parallel zur KATHENA NUI laufen.

Nehme Kontakt auf. Schnell, als ob er darauf gewartet hätte, antwortet mir der Funker der HMS TIDESPRING. Ich berichte kurz über meine Situation.

Funker: That's great. Then you have a bit to go. In this case, you have a wish free.
Ich: Yes? Do I?
Funker: Sure, tell us, what can we do for you?
Ich: Okay. A cable to my wife with my position.
Funker: Go ahead.
Ich: Mrs. Erdmann ...

Vor Erreichen der hohen Breiten überprüfe ich sorgfältig meine Takelage. Da keine Maststufen montiert sind, hangle ich mich an den außenlaufenden Fallen hoch.

In zwei Meilen ziehen die beiden grauen Schiffe auf Gegenkurs vorbei. Sehen aus wie Versorger. Was suchen die hier? Wo wollen die hin? Versuche deren Kurs auszumachen – vielleicht Karibik? Ich bin ganz außer mir. Das ging alles so zügig. Bin irgendwie nicht ganz da. Und alles vor dem Frühstück. Zwei große Tassen Tee bringen mich erst wieder zurück. Bin so fahrig, daß ich die Navigation heute total vergesse. Macht auch nichts, um mich herum nur Wasser, Tristan da Cunha liegt weit in Süd. Das Meer atmet enorm, aus Nordwest. Luftdruck fest, beruhigt.

19. November – 73. Tag
Die weiße Bettdecke

Heute wäre mein Vater 76 geworden. Trinke einen Nordhäuser Doppelkorn darauf. Unser Verhältnis war nicht gerade eng. Die Grenze (DDR) spielte ohne Zweifel eine große Rolle. Neun Besuche in 26 Jahren sind wahrhaftig nicht viel. Als ich ihn letztes Jahr sah, dem Tod sehr nah, dachte ich, er wollte mir noch etwas Persönliches mitteilen. Mir ging durch den Kopf, daß ein Sterbender seinem Sohn noch irgend etwas sagen möchte, aber es kam nichts.

Nach dem Besteck erfreue ich mich nochmals der wärmenden Sonne im Schutz des Tipi. Schön, wenn sie scheint, sie gibt mir Zufriedenheit. Ich bin voll da und dabei. Der Horizont ist mein Reich, die Vögel meine Begleiter, und KATHENA NUI gefällt mir immer besser, wir kommen einander näher.

Reffe Groß mit einer Reihe, und die Fahrtverminderung ist gleich null. Nicht mal ein Zehntel weniger! Ich tat es, nachdem die drei ersten kräftigen Gischtschübe über Deck und Aufbau gingen. Später, mit weiter auffrischendem Wind, nehme ich den Klüver weg. Vergleiche die Fahrt. Vorher: 6 bis 7 Knoten, sehr unruhig, nachher: 5,8 bis 6,5, richtig gemütlich. Schreibe überm Kartentisch ans Schott: Also, Wilfried, laß die Segel nicht so lange stehen. Du weißt, es bringt nichts.

Danach krieche ich in die Koje und ziehe meine weiße Bettdecke übern Kopf ... Ach, ich gebrauche neuerdings den Schlafsack. Ist kühler geworden, aber noch nicht kalt.

Ich träume von der TIDESPRING. Bin froh, daß ich nicht ein stär-

Log von KATHENA NUI   Date 22. Nov. 84
von KIEL   nach

Wind	St	B	W Temp	Luft/W	Segel	Fahrt Log	Bemerkungen
WSW 8	6	1023		130 105	G₂+F	7,0 957	Reff Tock
-"-	6	1021		120 95	-"-		Luftdruck fällt weit
-"-	6	1022	r	100 75	-"-	5,5	
SW 7	6	1025		90 65	-"-		009 hohe lg. Dünung aus S
SW 7-8		1025	r 16/14	-"-	-"-	6,0 014	127 st nach log
SSW 7		1026	r	105 80	G₂+F		37 seffr Farn
SSW 6		1026	r	110 85	G₂+F		46
SSW 5-6	6	1027	r	120 95	G₂+F		52 Niedergang-Wache G

38°40'S'   Etmal   136   Aller der am Vögel ...
02°32°E   Gesamt   8184   ... ¾ kn E setz ...

76. Tag – Donnerstag

Mehrere Male muß ich an Deck in der Nacht. Die See
rauschen nur so heran. Dazu phosphoresziert alle
sieht spektakel aus.
Windstärke ist bandagemessen. Ich vermute, es ist
mehr Wind als die Anzeige an, da am Niedergang
des Cockpit ein Rückstau herrscht.
Geht mit 19 dann mit 14 qm Tuch brausen wir
die Nacht. Noch fast zuviel Tuch! Aber soll ich in der
Nacht das Toy setzen? Zeitweilig um 10 im Surf. A
spannt lauschen ich. Schlaf finde ich erst nachdem es
hell geworden ist. Und so döse ich den ganzen gangen T
Eine Suppe, eine Brühe, das ist alles.
19h: 13°C in der Kajüte. Wind hat nachgelassen. See ist
zwar noch hoch aber eigentlich könnte Kathena mehr Seg
tragen. Aber die lg. hohen Wellen und es sieht in W so düster

keres, ein richtiges Funkgerät mitgenommen habe, etwa so ein 400-Watt-Gerät wie Meyer. Es würde wesentlich mehr Gespräche geben, es würde mir meine Einsamkeit bewußter machen. Mich nach jedem Gespräch zerreißen. Nein, ich bin glücklich so.
Um Schiffskollisionen brauche ich mich nicht zu sorgen. Hier gibt's keine Handelsschiff-Routen. Früher bei den Rahseglern ja, aber in der modernen Fahrt sind diese großen Routen, die ich für viele tausend Meilen besegeln werde, ausgestorben.

21. November – 75. Tag
Erstes Viertel

Die raumen Winde haben begonnen. Um das Schamfilen am Groß zu mindern, klebe ich selbstklebendes Segeltuch auf die Nähte, die am Rigg scheuern. Das Mittagsbesteck ergibt, daß ich genau auf dem Nullmeridian bin. Damit habe ich das erste Viertel meiner Fahrt gepackt – 8048 Meilen. Meine Belohnung: rapide fallendes Barometer. Altocumulus translicidus. Bedeutet Wetterverschlechterung.
Früher, auf meiner ersten Fahrt, habe ich mich nicht um Luftdruck und Wolken gekümmert. Ich nahm das Wetter, wie es kam, und bin immer damit fertig geworden. Es ging auch glatt, bekam die Segel auch in den heftigsten Böen noch in den Griff. Waren allerdings kleiner.
Um 16 Uhr habe ich Tausende von Vögeln ums Boot. Ganz plötzlich sind sie da, es sind Kapschwalben, auch Entensturmvögel genannt, silbrigweißes Gefieder, Größe und Flug ähnlich einer Schwalbe. Sie schwirren und huschen über die Wogen. Mit dem Dunkelwerden sind sie alle fort. Es brist auf, innerhalb einer Stunde macht sich der Seegang in Riesenschritten ran, schiebt sich zusehends auf.
Ich bin mit dem Nullmeridian zwar nicht auf dem gewünschten 40., aber immerhin auf dem 39. Breitengrad.
Kurz vor Dunkelheit mache ich – eingepackt in Ölzeug und Gummistiefel – einen vorsorglichen Rundgang übers Deck.
Lasse meine Augen über Rigg, Taue, Segel streifen – prüfend streifen. Alles klar für die „Brüllenden Vierziger".

Die brüllenden Vierziger

Am 75. Tag passiere ich das Kap der Guten Hoffnung, nicht in Sichtweite sondern 430 Meilen südlich. Hier beginnt eine physische und psychische Durststrecke. Schlimme Stürme, verbunden mit Angst und Heimweh, zerreißen mich förmlich. Meine stillen Reisebegleiter währenddessen: die wandernden Albatrosse.

23. November – 77. Tag
Ich spüre die Seen

Milch und Honig, Haferschleim und Kaffee bringen mich wieder auf die Beine. Hatte gestern einen Knock-down. Schlapp, Kopfweh, müde. Die Nacht zuvor mußte ich dauernd raus. Es stürmte, und die Seen rauschten in der Dunkelheit beängstigend. Mit 14 qm Tuch und raumem Kurs machten wir lange Zeit um 9 Knoten. Angespannt lauschte ich, konnte mich aber nicht entschließen, noch mehr zu reffen. Ich mußte dauernd Wasser lassen, dabei habe ich, wie üblich, nicht mehr als einen Liter Flüssigkeit getrunken. Irgend etwas steckt im Körper.
    Die See auch heute bei guten 7 sehr, sehr hoch und lang. Da kommt bestimmt bald wieder was. Aber so ist es hier unten.
    Ich war gerade 20 Minuten an Deck, filmen und Fock ausbaumen. Die See steht wirklich hoch und lang. Keine hat bisher den Weg ins Cockpit gefunden, auch nicht gestern bei 9. Der Bug schnitt in keiner Weise ein. Das bestärkt mich zwar, aber beruhigt nicht. Vor Tagen nochmals KATHENA NUI umgetrimmt. Aus dem Bug die großen Pulvermilchdosen mittschiffs gelagert, aus der Achterpiek alle Segel und Taue raus, so daß eigentlich wenig vorn und achtern gestaut ist. Wenn die Kartoffeln im Heck und die Brotdosen im Bug weg sind, sollte ich einen idealen Trimm haben.
    Wind und See stehen weiter. Ab und an, im steten Dreierrhythmus, kommen Roller. Oh! Meine Arbeiten an Deck gehen zügig.

Fock ausbaumen: 10 min, eine Reffreihe ins Groß: keine 3 min, die Fock reffen, neulich bei Dunkelheit: rund 10 min. Ich spüre die Seen – sie fallen 20 bis 30 Grad steuerbords von achtern ein. Kommen jetzt zur Nacht häufiger in Schüben. Da steckt Kraft hinter. Sie schieben uns voran, immer so zwischen 8 und 9 Knoten. Noch sind sie unstet, die Wellen des Südmeeres. Irgendwie atmet man hier anders, betörend, betäubend. Fühlt sich bedröhnt. So, als hätte man Drogen inhaliert.

Ich wechsle die Fock 9,2 qm gegen Sturmklüver 8,2 qm aus. Will mal sehen, wie er steht und aussieht. Hat auch eine Reffreihe, dürfte die Segelfläche halbieren. Aber auch 4,1 qm erscheint mir plötzlich als kleinste Segelfläche für meine 6-t-KATHENA noch zu groß. Ich überlege, ob ich mir nicht eine 2-qm-Sturmfock selbst zuschneide und mit der Hand vernähe.

Vor Fleischkonserven ekle ich mich, aber ich habe ja Speck! Diese Speckstücke sind bestens. Wirklich. Sie entwickeln sich zur Delikatesse. Jeden Tag gibt es eine Schnitte Schwarzbrot damit. Er riecht vortrefflich, ist zart und gut geräuchert. Hat Speck-Frank gut gemacht.

Eben noch meine neue Sturmfock skizziert: Vorliek 3,15 m, Achterliek 2,40, Unterliek 1,60 – ergibt 3,67 qm. Ach was, Quatsch, die Hälfte, also 1,85 qm. Ich werde sie bei nächster Gelegenheit nähen. Segeltuch, Garn und Nadeln habe ich genug.

25. November – 79. Tag
Gletscher im Gewölk

Der Himmel reißt auf. Gen West sieht es stellenweise so aus, als ob blaue Gletscher in den Wolken schwimmen. Wenn ich sie betrachte, wird mir ganz blümerant. Nie gesehen diese Farbzusammensetzung: blau/grau/gelb. Was haben diese Gletscher im Gewölk zu bedeuten? Nach all den Entensturmvögeln kam neulich auch der Sturm. Tausende von diesen Vögeln fliegen und stürzen sich um uns. Unten silbrig, oben blaugrau, klein, und nie sehe ich sie etwas von der Wasseroberfläche greifen. Nur eine Stunde schwirren sie am Heck hin und her, dann sind sie fast schlagartig verschwunden.

Wieder nur eine Trockenwäsche drin – mit Handtuch Gesicht und Augen kräftig reiben. Mit dem Trinkwasser ist das ohnehin so eine Sache. Habe Bedenken, obwohl ich nur ca. zwei Liter täglich verbrauche. Ich habe zu viel Wasser aus dem „Stinketank" vergeudet. Hab das Gefühl, es ist weitaus weniger drin als vermutet. Ich muß mir eingestehen: die Hoffnung, ordentlich Wasser in den Roßbreiten aufzufangen, war trügerisch.

Temperatur: 15 Grad an Deck, 14 Grad in der Kajüte. Ich notiere dies mal. Wird für lange Zeit nicht so warm sein. Ich segle zwar im Sommer der südlichen Hemisphäre, aber das Wetter ist hier wesentlich kälter als auf der nördlichen Halbkugel. Es fehlen die Landmassen, es gibt keinen warmen Golfstrom.

Samt Stativ kippt mir die Super-8-Kamera auf den Kajütboden. Griff abgebrochen, die gesamte Elektronik hängt raus. Schöne Bescherung. Habe alles wieder reingestopft, den Auslöser neu eingesetzt. Anschließend alles mit Leinen-Tesa verklebt. Und: Sie läuft. Hatte aber gleich das Gefühl, das kriegst du wieder hin.

Innerhalb von zwei Stunden drei Bahnen der neuen Sturmfock genäht. Das rote Tuch ist hart und fest. Um die Nadel durch das feste Tuch zu bekommen, muß ich eine Zange zu Hilfe nehmen. Daumen und Zeigefinger tun mir bald weh. Beim Nähen ist mir das Mißgeschick mit der Kamera passiert – wollte mich beim Nähen filmen!

26. November – 80. Tag
Der Tag ist ohnehin versaut

Wind „nur" 6, und es läuft eine enorme See. Mag mir nicht vorstellen, wie es bei 8 und mehr aussieht. Trotzdem trockenes Deck. Der Kurs pendelt im 30-Grad-Bereich (Ostsüdost). Also 15 Grad Abweichung je Seite. Super, bei dieser See. Die liebe Aries! Und so anspruchslos: nur ein wenig Fett und ab und zu neue Steuerseile.

Ich rede schon mit meinem Wasserkessel. Schlimm. Gefällt mir nicht. Als es mir bewußt wird, gleich der spontane Gedanke: noch 200 Tage – oder mehr?

Wenn ich in meiner Koje liege und meine Aluminiumhöhle anschaue, wird mir so richtig bewußt, wieviel Mist ich gebaut

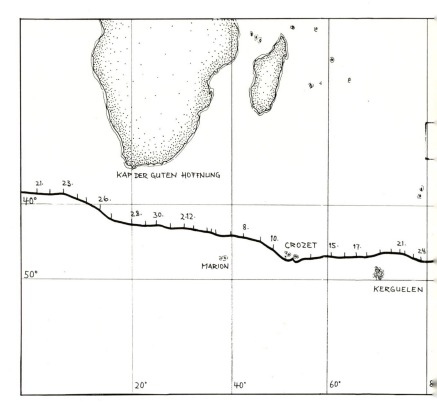

habe. Die Leisten nicht auf Stoß, Schrauben unregelmäßig, rauhe Holzarbeiten (eines Tischlers nicht würdig). Farbanstriche verschliert, nicht fertig isoliert und vor allem nicht optimal genutzter Raum.

Dafür all die Zeit, Geld und Kraft reingesteckt. Ich höre jetzt noch K. sagen: „Wilfried, aufwachen …" Immer wenn er mich in den Monaten vorher ansprach, war ich mit den Gedanken woanders. Scheiße.

Um in eine bessere Stimmung zu kommen, gönne ich mir eine Schale Hühnerfrikassee, viel Kaffee und Schokolade. Kein Erfolg. Ist es Angst, die mich quält? Ich habe nämlich heute den 40. Breitengrad überschritten. Jedenfalls bin ich in einer sonderbaren, verzweifelten Laune-Gefühl-Bedrückung, die sich um mein Inneres legt. Bestimmt durch die eigentümliche Atmosphäre: nachhaltige

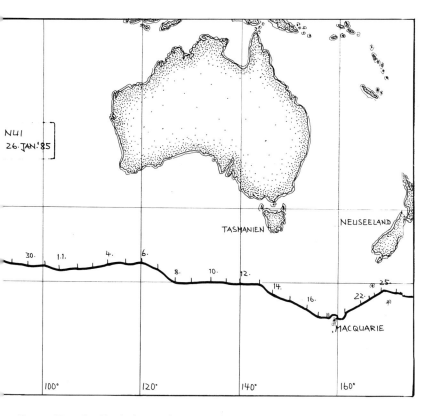

Seen, Vögel, die keinen Pieps machen, grauer Himmel, unsteter Horizont, dazu die unheimliche Weite, Stille, obschon es laut ist. Nicht zu beschreiben. Es ist, als wäre ich im All oder auf einem anderen Planeten. Schwebend. Und die Hosen voll mit Angst vor dieser unheimlichen Gegend.

Der Tag ist irgendwie ohnehin versaut: Ich fühle mich fad, bin mit mir unzufrieden. Finde, trotz aller Fahrten, daß ich zu wenig Sicherheit habe. Bin ich ein Angst-Weltumsegler? Aber andererseits tue ich das, was ich am besten kann: Segeln. Als ich diese halbfertige KATHENA NUI von Norderney über Cuxhaven, Kiel – Kanal nach Eckernförde segelte, da empfand ich Hochgefühl. Durch die enge Einfahrt in Cuxhaven, durch die Schleuse in Brunsbüttel, ich fühlte, daß ich wenigstens den Umgang mit einem Boot beherrsche. Als ich in Eckernförde einlief, bekräftigten mich die paar Meilen mehr als viele wohlgemeinte Worte. Ich war ungemein gestärkt. Euphorisch machte ich mich an die viele Arbeit, die noch vor mir lag.

Dreifach versauter Tag: Ich trinke Rum und Apfelsinensaft auf das Reich der Vierziger. Zwei Glas reichen, um alle wirren Gedanken in die Ecke zu stellen. Diese Vierziger-Welt wird vermutlich für lange Zeit meine sein. Ich wollte es so, und ich will es noch. Mein Mut jedoch ist fort, einfach weg. Ins Eis wollte ich, das Eis der Antarktis auf meiner Nonstop-Fahrt auch mal eben so mitnehmen. Was mein Boot in den schlimmen Stürmen kann, weiß ich ohnehin nicht. Wenn ich überlege, komme ich zu der Feststellung, daß dies eine Jungfernfahrt für KATHENA NUI ist.

Zu gern würde ich Marion ansteuern, eine einsame Insel mitten im südlichen Ozean, auf halbem Weg zwischen Afrika und der Antarktis. Im Segelhandbuch von 1899 gibt es da Eisberge. Überhaupt habe ich dem Buch zufolge den Eindruck, daß es früher mehr driftende Eisberge gab. Ich bin zwar bereits innerhalb der ausgewiesenen Treibeisgrenze, aber es berührt mich nicht sonderlich. Meine „Mitsegler" Moitessier, Knox-Johnston, Chichester sahen hier auch noch keine.

29. November – 83. Tag
Strömungen

Kap Agulhas ist passiert – das erste große Kap! 420 Meilen entfernt in Nord liegt die Südspitze Afrikas. Zur Freude ist allerdings kein Anlaß. Kreuzseen treffen uns, hackige, steile, kurze, unberechenbare Seen, aufgeworfen durch die warmen und kalten Strömungen, die hier aufeinanderprallen. Mal messe ich 8° Wassertemperatur, dann wieder 14. Der Wind springt von Süd auf Nordwest.

In der Kajüte katapultieren allerlei Gegenstände von steuerbord nach backbord. Es ist so, daß ich mich am Kartentisch nicht halten kann, mit der Logbuchführung in der Koje beginne. Selbst das Stricheschema für die verschiedenen Angaben ziehe ich im Liegen. Eingekeilt zwischen Kojenbrett und mehreren Kissen notiere ich mittags notdürftig: Nordwest 6 bis 7, Baro: 1010, Fahrt: 6,5, ein Reff in Groß und Klüver. Entensturmvögel und Alba. Seen türmen sich. An Deck ein fades Grauschwarz und trist. Wie kann man sich nur so ein Segelgebiet aussuchen?

20.30 Uhr: im Surf über 10 Knoten. Die Aries hat Mühe, den Kurs zu halten. Packe mich in Ölzeug, um Tuch zu reffen. Wind inzwischen stürmisch. Schätze 8. Fast eine Stunde brauche ich, das Segel zu bändigen und ein anderes zu setzen. Währenddessen überrascht mich eine gewaltige See. Ich stehe gerade am Mast, um die letzte Reffreihe ins Groß zu binden, denke noch, die deckt das gesamte Schiff ein. Weiß in der Eile nicht wohin, bin ganz ratlos. Springe dann aber im letzten Moment auf die Mastwinden und halte mich an den Fallen fest.

Da höre ich und sehe es unter mir rauschen und schäumen. Ringsum alles weiß. Eine Wahnsinnsfahrt. Nur der Kajütaufbau ragt noch aus der schäumenden See. Das ganze Deck in die See gedrückt und überspült. O Gott, die Luke, die ist nur auf-

Nur selten gebrauche ich noch die große Genua. Sie ist einfach zu unhandig für dieses Seegebiet.

gelegt, nicht verschlossen. Alles wird naß sein. Ich reffe weiter. Dabei der starre Blick immer auf das, was zuerst erledigt werden muß. Weiß nicht, ob nicht 4qm Sturm- und 8qm Großsegel am Ende noch zuviel sein werden. Das wird sich zeigen. Ich hangele mich, den Kopf von Wind und See vollgedröhnt und völlig groggy, in die Kajüte; stelle mich ans achterliche Bullauge und beobachte das Meer: Das sind sie also – Die berühmt-berüchtigten ,,Brüllenden Vierziger".

30. November – 84. Tag
Mit Schwamm und Shampoo

Segelschiften wird wohl für lange Zeit eine der Hauptarbeiten an Deck sein. Aus dem stürmischen Nordwest ist ein Südwest geworden.

Die eine See gestern – ich staune noch heute. Wie eine Schneelawine hüllte sie die KATHENA NUI ein. Genau von achtern gekommen, schob sie uns enorm voran. Daß der Kurs blieb und nicht ausscherte, ein Glück. Ich weiß nicht, was sonst passiert wäre. Auch wenn ich angegurtet war.

Für Augenblicke bin ich wieder in einer warmen Strömung – Wasser 14°C. Ich kann nicht widerstehen: greife zu Schwamm und Shampoo und wasche mich gründlich, ziehe neue Wäsche an.

Jetzt, um 16.30 Uhr, sollten wir den 25. Längengrad überschritten haben und damit ein 20-Prozent-Sturmquadrat nach meinen Windkarten. Dieses neue Karree weist die Hälfte aus – 10 Prozent. Beklemmende Herzbeschwerden. Ist es ganz einfach Schiß?

1. Dezember – 85. Tag
… und wir dümpeln

Um 16.00 Uhr ist der schöne blaue Himmel weg. All die Schäfchenwolken fort. Bezieht sich von Südwest. Seegang nimmt von Westnordwest zu, obgleich der Wind abnimmt … und wir dümpeln.

Eine Stunde später ist eine dunkle Wolkenwand aus Südsüdost da. Rasch habe ich zwei Reffs im Großsegel und den Klüver geborgen. Danach geht's mir besser. Noch warte ich an meinem Stammplatz – Bullauge – im Ölzeug. Was dieser Südsüdost bringt? Regen ist dabei. Die Pütz hängt unterm Großbaum am Mast zum Auffangen. Baro fällt weiter. Wind 7 bis 8.

Ich lese im Handbuch von 1899, Seite 260: „Südoststürmen gehen oft oder meistens nördliche Winde voran. Dazu schönes Wetter und tritt häufig im Ostteil der Agulhas-Bank auf. Genauer im Ostteil der 20–30er Längengradregion."

Toll, dieses alte Buch. Demnach fallen die Südoststürme erst beim niedrigsten Barometerstand ein, oder wenn es wieder steigt. Genauso ist es heute.

Die See ist konfus. Strom gegen Wind. Nur einige Entensturmvögel. Esse Sauerkraut, das mir nicht bekommt. Bläht unheimlich. Ich habe viele Dosen gestaut – wegen der Vitamine. Jedenfalls: So wie ich es zubereite, angewärmt mit Zwiebeln, mag ich es nicht. Und nur roh aus der Dose – dann gehe ich in die Luft!

3. Dezember – 87. Tag
Die endgültige Kapumrundung

Nicht mein Tag – heute! Zwei heftige Böen in der Früh „abgewehrt". Um die Mittagszeit knallt eine See voll breitseits – ich verschütte vor Schreck meinen Frühstückstee, den ich in der Hand halte. Uns verläßt der fast zu stürmische Wind innerhalb von Minuten. Dümpeln, Segel schlagen. Kalt. Gerade in den Böen, wenn ich an Deck muß, ist der Wind eisig.

Mit dem Passieren des 31. Längengrades habe ich die Kapregion endgültig hinter mir. Freude will nicht aufkommen. Bin total deprimiert, das Wetter macht mich fertig. Von steter Westwinddrift nicht die Spur. Dazu Kopfschmerzen vom vielen Rundumdenken: Eisberge, Sturm, Einsamkeit, Heimweh. Die Anspannung ist groß. Und ich esse viel zu wenig. Falle förmlich vom Fleisch. Und das Fazit: Ich fühle, daß ich das Boot nicht mehr im Griff habe. Und das ist gefährlich, ich weiß. Lasse mich gehen, werde gleichgültig und nachlässig. Mal stehen die Tücher zu lange, dann wiederum reffe ich nicht aus. Die See verzeiht keine Fehler.

Der wandernde Albatros. Jetzt nach Erreichen der „Brüllenden Vierziger" mein ständiger Begleiter.

6. Dezember – 90. Tag
Der siebente Tag mit Böen aus allen Richtungen

Nikolaustag. Auch ich habe einen Stiefel rausgestellt. Was ist drin? Seewasser! Schmeckt übrigens genauso wie im Nordatlantik. Ab und an trinke ich ein halbes Glas.
    Schlechte Etmale. Auf 43 Grad Süd. Der siebente Tag mit Wind und viel Böen aus wechselnden Richtungen. Zum Krankwerden. Mir bekommt überhaupt kein Essen mehr. Die Frage, was suche ich hier, geht mir nicht aus dem Kopf.
    Um 10.00 Uhr überrascht mich die nächste Bö in der Kajüte beim Lesen. Zufall: In Conrads *Die Rettung* geht auch in dem Augenblick eine Sturmbö nieder. Ich bin in einer Minute an Deck – in Ölzeug, Gummistiefeln und Kapuze. Im Vergleich zu meiner Zeit im Englischen Kanal bin ich flink. Nach der halbstündigen Deckszeit sind meine Finger eiskalt. Handschuhe kann ich nicht tragen, ich kriege die Knoten nicht rein. Die Finger kribbeln richtiggehend, sogar jetzt noch beim Schreiben. Schaue gerade aus dem Fenster überm Kartentisch: Da kommt die nächste bedrohliche Bö aus West.
    Was mich beeindruckt und beschäftigt ist, daß sich das Meer so schnell aufbaut, so … (war eben an Deck, noch ne Bö), innerhalb von vier bis sechs Stunden hatten einige Wellen acht Meter Höhe. Eine knallte vehement gegen die Bordwand, daß die Gischt bis an die Saling sprühte.
    Mit Aluminium und Kurzkieler scheine ich wirklich eine richtige Entscheidung getroffen zu haben. Erstens, in Böen zieht KATHENA NUI zügig an, weil das Boot eben leichter ist. Nimmt dem Wind einen Teil der Kraft. Zweitens, die Wellen brechen sich nicht so sehr übers Deck, gehen erstaunlich gut unter dem flachen Vor- und Achterschiff durch. Drittens, dank des unterteilten Lateralplans (Kurzkieler) hält die Aries selbst im Surf KATHENA NUI annähernd auf Kurs.
    Muß aufhören. Habe eisige Hände und jetzt noch zusätzlich kalte Füße in den Gummistiefeln.

8. Dezember – 92. Tag
Im Meer der Albatrosse

10000 Meilen, ein Drittel etwa. Mein Tag? Mit Hagelböen, Nordost, Nieselregen und fallendem Druck bestimmt nicht. Mein Wille reicht nicht, um mir eine warme Mahlzeit zu bereiten.
Zehntausend – mit solchen Zahlen zu hantieren, sollte Sinnenfreude wecken. Feiern – so für sich, still und einsam, ich spüre tief innen doch verzweifeltes Alleinsein. Ich schreie laut. Das befreit mich nur kurz. Trommle wild mit den Fäusten auf den Kartentisch, singe und rede Quatsch. Zuviele ängstliche, mich auffressende Gedanken. Ich träume viel (liegt es an der Kälte) und esse wenig. Bin auf 60 kg runter, zehn Pfund weniger als normal.
Seit ich im Reich der Vierziger segle, begleiten mich immer Vögel. Meistens sind es Sturmschwalben, Raubmöwen und in letzter Zeit verstärkt Albatrosse. Dieser König der Lüfte fliegt offenbar nicht in Schwärmen, denn ich beobachte selten mehr als zwei oder drei zugleich.
Wie bereits die Seeleute des 17. Jahrhunderts bewundere ich den mühelosen Flug des Albatrosses. Der Meisterflieger fasziniert mich auch dann noch, wenn ich mein Dilemma an Bord kaum überblicken kann. Zum Beispiel bei Sturm, dann fliegt er nämlich mit seiner Drei-Meter-Flügelspannweite am elegantesten. Fast unwirklich sieht dann sein Flug aus. Stundenlang schwebt der Albatros ohne einen einzigen Flügelschlag dahin. Das ist schon erstaunlich. Diese gewaltigen Schwingen des Wanderalbatrosses, aschfarbig unten, fast schwarz oben, brauchen den Wind. Er hält sich deswegen in den windreichen Gebieten zwischen dem Wendekreis des Steinbocks und der Antarktis auf.

9. Dezember – 93. Tag
Die Entscheidung

Lege definitiv Kurs Crozet-Inseln. Noch 220 Meilen bis zur ersten Insel: Ile aux Cochons, etwa 200 Meter hoch. Marion habe ich nicht geschafft – zuviel Starkwind. Inzwischen liegt sie achteraus.

Die Crozet-Inseln erstrecken sich über 60 Meilen in West-Ost-Richtung. Laut Handbuch liegt die Wetterstation auf den östlichen, dort will ich ein Telegramm weiterleiten lassen. Hoffentlich klappt es mit den Franzosen, die diese Station unterhalten. Ich tue es für SIE – denn diese Inseln sind nicht ungefährlich anzusteuern. Von Felsen und Bänken umgeben, häufig Nebel. Dazu mein Befinden: Herzbeschwerden, Fieber, Gleichgültigkeit. Und fallender Druck, von 1010 auf 996 innerhalb der letzten zwölf Stunden. Hoffe, A. freut sich und erkennt meine Mühe an. Verdammt, ohne Familie im Hintergrund wäre eine solche Fahrt wesentlich unbeschwerter.

Der Druck um 18.00 Uhr: Tendenz weiter fallend. Zerfresse mich langsam. Auf der einen Seite die See mit einer Bank um 50 Meter, auf der anderen Seite Felsen und Inseln. Muß Nachtwache gehen.

10. Dezember – 94. Tag
1 °C in der Kajüte

Verdammt kalt. Schlafe nach durchwachter Nacht etwas. Gehe Kurs- und Eiswache. Schön warm im Schlafsack.

Lesen tue ich mit Handschuhen. Beim Teekochen bringe ich die Temperatur um ein oder zwei Grad nach oben.

Ich habe vor, die Insel mit der Station von Süden her anzusteuern. Darum werde ich die Ile des Pingouins südlich runden. Leider fällt der Druck weiter kontinuierlich. Segel schlagen in einer groben See. Mal wieder Ost. Rollen und Schaukeln in einer hohen Nordwest-Dünung.

Gründlich lese ich im Handbuch über die Inseln. Eine Karte habe ich nicht mit, hätte nicht gedacht, daß ich hier ran will. Die Kerguelen-Karte ja, die habe ich an Bord, aber deren Wetterstation ist noch komplizierter anzusteuern.

11. Dezember – 95. Tag
In Ritterausrüstung

Wieder eine Nacht mit Süd-, Ost- und Westwinden. Mag das schon gar nicht notieren. Die Etmale liegen um hundert. Das ist in den südlichen Breiten kläglich. Zudem kalt. Eiskalt. So kalt, daß mir die Finger beim Schreiben frieren. Auch das mag ich nicht festhalten. Kennen wir langsam. Werde aber kaum damit fertig. Obwohl ich mehrmals die Segel ausbaume, schifte und viel an Deck rumturne, erwärmen sich meine Fußspitzen nicht. Einen Heizofen könnte ich gebrauchen.

Um 10.30 Uhr sichte ich die erste Crozet-Insel – Cochons.

Stunden später runde ich Pingouins, weit südlich, weil da Steine liegen sollen. Das Wetter klart auf. Es scheint die Sonne. Einmalig schön. Leider kann ich die Kajüte nicht lüften, achterliche Seen. Wir stoßen hier auf 90-Meter-Bänke, es baut sich deshalb eine ungewöhnlich hohe See auf.

Schon ein komischer Tag: Morgens Regen, mittags Hagel, nachmittags das beste Wetter. Vor Aufregung und Anspannung habe ich wieder (zum wievielten Mal?) Durchfall. Doppelt schlimm, denn draußen die Hosen runterzulassen, ist sehr unangenehm und drinnen auf dem Eimer – puh. Ich trage dreifach Hosen, zwei Hemden, Pullover, Faserpelzjacke, einen gefütterten Ölzeugoverall und an Deck darüber den schweren Sicherheitsgurt. Ich fühle mich, wenn ich mich durchs Luk quetsche, wie ein Ritter, der in den Krieg zieht. Mein Speer ist die Pinne.

12. Dezember – 96. Tag
Ile de la Possession, Crozet

Mit gebremster Fahrt halte ich die Nacht durch auf die Wetterstation zu. Die Nacht, obschon jetzt im südlichen Sommer nur fünf Stunden richtig dunkel, ist lang. Eine Stunde vorm Hellwerden lege ich mich kurz hin, als ich an Deck komme, erschrecke ich gewaltig. Direkt vor mir die Station auf einem Hügel und beleuchtet. Nur gut eine Meile entfernt. Ostsetzender Strom? Drei Stunden treibe ich mit dichtgeholtem Groß in einer kabbeligen See und böigem Wind.

Um 6.00 Uhr versuche ich Kontakt aufzunehmen. Ich kann nicht länger warten, der Wind ist stürmisch geworden. Ich muß hier weg. Der Franzose, der sich meldet, ist freundlich, macht den Eindruck, als hätte ich ihn aus dem Bett geholt. Es dauert sehr lange, bis ich mein Telegramm durchgegeben habe. Er wiederholt Wort für Wort:

E – Echo, R – Romeo, D – Delta und so weiter. Ich buchstabiere widerwillig, denn inzwischen heult es von den schneebedeckten Hügeln. Ich kaure unterm Tipi am Niedergang mit dem Sprechfunk in der Hand, es sieht so bedrohlich aus. Als ich alles mitgeteilt habe, herrschen satte 10 Windstärken, von der Station nichts zu sehen, ringsum weiß und neblig. Die Küste zeichnet sich ganz schwach ab. Hätte ich wenigstens eine Seekarte. Ich setze Sturmklüver gerefft, berge Groß und wende und ab in die offene See. Ich durchquere die zehn Meilen weite Straße zwischen zwei Inseln, in der ein starker Strom steht und uns mächtig wirft. Die Sicht null, ich denke, wir segeln eine Meile an Ile de l'Est vorbei. Laut Seehandbuch die schönste Insel dieser Gruppe mit Wasserfällen und so. Ich wollte dicht vorbei, um mal was fürs Auge zu haben.

14. Dezember – 98. Tag
25 Liter Regenwasser

Nebel! Als ich kurz nach fünf aufwache, hüllt uns dichter Nebel ein. Ich mag ihn auf der offenen See. Gibt mir ein warmes Gefühl. Es törnt mich an, gibt mir Geborgenheit. Vielleicht empfinde ich es auch nur als Kontrast zur ewigen unruhigen See mit weißen Kaps. Kurz: Das Eingeschlossensein berauscht mich.

Vielleicht, weil ich einen schlimmen Sturm ausgesteuert habe. Die See war gefährlicher als alles, was ich bisher erlebt habe. Die letzten 28 Stunden habe ich weder Logbucheintragungen gemacht, noch Tonband besprochen, schon gar nicht geschlafen oder was gegessen. Ich stand die meiste Zeit am Niedergang, schaute durchs Bullauge und zitterte. Nur für kurze Zeit saß ich an der Pinne, weil ich meinte, die Aries schaffe es nicht, diese Kaventsmänner auszusteuern. In einem mutigen Augenblick habe ich gar den Wind gemessen: 45 Knoten.

Noch lasse ich das Try stehen. Ist zwar nur fünf, aber wenn ich mehr Vorsegel setze, kann ich das kompensieren. Also dieselbe Geschwindigkeit laufen. Außerdem will ich das Groß noch etwas schonen, und die Rutscher im Try sollen beweglicher werden, damit sie sich beim nächsten Sturm leichter in die Schiene einführen lassen.

Die schneebedeckte Crozetinsel, Ile de la Possession, morgens um 3 Uhr. Per Handfunkgerät gelingt es mir, über die französische Wetterstation eine Nachricht abzusetzen. Dabei zieht innerhalb von Minuten ein Sturm auf.

Vorhaben: Jetzt auf 45 Grad gehen, mich etwas erholen, waschen, die Takelage checken. Wärme tanken etc., und dann wieder südlicher segeln, um Macquarie (55 Grad) anzusteuern. Zusätzlich komme ich mit diesem Kurs ein wenig aus der Eisberggefahr.

Nun ja, ich bin noch ganz hin vom Verhalten meines Bootes bei dem Unwetter. Rückblickend hat KATHENA NUI ihre Sache gut gemacht. Sie hat die Seen einfach prächtig genommen. Nur eine einzige Welle fand den Weg in die Plicht und füllte sie. Es dauerte zu lange, bis sie sich leerte. Bei fünf Zentimeter dicken Abflußrohren! Ich nahm den Sturm raum (zwei bis drei Strich von Backbord), und es gab mir Vertrauen, wie KATHENA sich mit den paar Quadratmetern Segelfläche förmlich aus der schweren See rauszieht und unvergleichlich vorausschießt.

Ich finde, der Bug muß noch leichter werden, trimme gleich um. Neun Kilo Nudeln und zwei schwere Rollen Segeltuch kommen in die Kajüte.

Kurzum, ich genieße dieses wohlige Gefühl – nach dem Sturm – für Stunden, bevor ich mich auf der Koje ausstrecke und schlafe. Meine Aluhöhle. Bißchen Musik wünsche ich mir.

18. Dezember – 102. Tag
Ein gerader Horizont

Geschlafen, geschlafen... Bei der schleichenden Fahrt der letzten Tage brauche ich wenigstens nicht konsequent Eiswache zu gehen. Ich bin in einem Hoch nördlich der Kerguelen. Nutze es: Polster, Ölzeug, Faserpelz, Handtücher liegen über Deck verstreut zum Trocknen.

Ein ebener Horizont, seit 36 Grad Süd nicht mehr gehabt. Das kann doch hier nicht auf 46 Süd sein. Ist meine Navigation nicht in Ordnung?

Sanfte Dünung. Begeistert bin ich nicht. Es bringt mich aus dem Rhythmus des Angespanntseins. Muß mich später wieder an die grobe See gewöhnen. Kein Vogel, kein Fisch – groß ist meine Vereinsamung. Spüre Apathie. Schwer liegt die Ruhe der bleiernen See auf mir. Wer hat mich hier runter geschickt? Zerknirscht denke ich an A. und K. – Aber auch im Haus war ich oft unruhig, unzufrieden; war es Angst, eines Tages nicht mehr auf dem Meer sein zu können? Ich bete zu Gott, daß er mich meine Spur ziehen läßt, bis zum Ende. Mit Neugierde und Erwartung denke ich an A.'s Weihnachtspaket. Sollte ich vorher über Bord fallen und sterben, würde es mich in den letzten Minuten sicher beschäftigen: Was da wohl drin ist?

Während der Dämmerung stehen die Wolken drohend am Himmel. Aggressiv, als wollten sie mich jeden Augenblick vernichten. Es kommen auch kleine Böen zu uns. Meine Stimmung ist verkrampft. Das Gewölk beunruhigt mich. Zwischen den Wolkentürmen in Westsüdwest helle gelbe Tupfer der untergegangenen Sonne, das Meer grau und öde. Doch bald wird es wieder leben: grau und schäumend.

Warum bin ich so depressiv? Warum?' Bin ich es, weil mir bewußt wird, daß ich nicht zu Rande komme mit meinem Vorhaben? Wie leicht sagt und schreibt es sich doch an Land: Ich habe vor, allein und nonstop die Erde zu umsegeln, also ohne unterwegs einen Hafen anzulaufen.

20. Dezember – 104. Tag
Porridge auf dem Boden

Nach der tagelangen Flaute nun Wind von vorn. Stunden später Sturm. Von vorn. Auch die Vögel sind wieder da. Ich habe sie vermißt. Empfinde: Hier bist du nicht ganz allein. Faszinierend, wie die Albas schweben. Sie mögen den Wind. Aber mit dem Wind kommt auch die Kälte. Den Porridgetopf zwischen die Beine geklemmt, hocke ich auf dem Boden der Kajüte und wärme mich innen und außen. Seit dem schlimmen Sturm versuche ich regelmäßig warm zu essen. So beispielsweise jeden Morgen Haferflocken in irgendeiner Form. Mal nur mit Wasser, dann mit Milch oder süß und sauer (salzig).

Mit der Kälte komme ich besser klar. War wohl ein Weichling. Verdorben von dem vielen Barfußsegeln in tropischen Breiten. Habe mal gelesen, daß für den Frierenden die Einsamkeit eine Todesgefahr bedeutet, weil die Seele abschweift zum Koller und man ohne Gespräche die Gefahren zu unterschätzen beginnt. Eine Ahnung davon bekam ich vor Crozet mit.

23. Dezember – 107. Tag
Ich schaffe keine Werte

Teufel noch mal, ist das Wasser warm. 8°C auf 47 Grad Süd! Zweimal gemessen, konnte es nicht glauben. Die vergangenen beiden Tage war ich nämlich „out" – vollkommen von der Rolle. Kopf-, Schulter-, Rippenschmerzen. Hohe Temperatur. Schlief in Intervallen so tief, daß ich beim Wachwerden nicht wußte, wo ich war. Neben Verlassenheit überkommt mich auch Resignation. Flaute = miese Etmale, Schlechtwetter = Sturm aus dem östlichen Sektor.
  Bei der Schleuderei bekomme ich den Tee falsch in den Hals. Eben 1 1/4 Liter davon eingeschleust. Hoffe, nach dem „Ausschleusen" geht's mir besser.

24. Dezember – 108. Tag
Weihnachten 1984

Scheibenkleister! – Habe ich doch die schöne rote Pudelmütze verloren. Die Schot hat mir das Ding auf dem Vordeck vom Kopf gerissen. Rot mag mich nicht. Neulich ging die rote Waschschüssel über Bord, zuvor im Atlantik eine rote Öljacke. Ich fahre sofort eine Wende. Komme aber nicht ran. Der Wind ist so schwach und der Seegang so hoch. Nichts zu machen, obwohl eine schwarze Möwe die Mütze bis zum Untergang markiert. Das ausgerechnet heute am Heiligabend. Ich bin ganz unglücklich. Karin, eine Freundin von uns, hat mir die Mütze aus besonderer Wolle extra für diese Fahrt gestrickt.
  Mein Weihnachtsputz: Verreibe ordentlich Ajax in der Kochecke. Schüttele den Teppichboden kräftig. Wasche mich, zwar nur mit einem Lappen die wesentlichen Teile – aber immerhin. Ziehe neues Unterzeug an (das alte geht gleich achteraus). Frisches Hemd. Trage seit Wochen erstmals nicht Faserpelz, sondern eine Cordhose und einen wollenen Pullover. Richtig in Zivil, nur das weiße Hemd fehlt.
  Mein Festessen: Um drei Uhr stehe ich am Herd, koche trockenen Reis. Dazu soll es Gehacktes aus dem Glas (von A. einge-

Mit achterlichem Wind geht es nach Osten, immerzu nach Osten, wochenlang. Angst, Unruhe und Einsamkeit quälen mich.

macht) geben und als Nachtisch Stachelbeeren. Auch selbst eingemacht.

Mein Weihnachtswetter: Bedeckt. Position bekam ich noch so eben. 47°S–79°E. Baro: um 2mb gefallen. Wind kann ich gut gebrauchen. Es scheppert fortwährend im Rigg. Dümpeln ist echt anstrengender als rauhe See. Die See steht und steht und steht ...

Inzwischen habe ich den Reis intus, hat sehr gut geschmeckt. Das Gehackte habe ich mit vier Zwiebeln und einigen Knoblauchzehen angebraten, mit einem Schuß Tomatenpüree, wenig Zucker, Pfeffer, Tabasco, Rosinen und Curry gewürzt. Gleich für morgen mitgekocht, wie ich überhaupt, wenn es sich machen läßt, für zwei Tage koche. Am Boden sitzend genieße ich als Magenschließer einen starken Kaffee mit Cognac.

Mein Weihnachtsgeschenk. Ist jetzt vier Uhr durch, ich öffne A.'s Paket: Ein Tannenzweig obenauf, ist noch grün. Die Karte dabei: ,,L. W., alle guten Wünsche begleiten Dich. Kein Weihnachten wollen wir mehr ohne Dich sein. Frohe Weihnachten und ein gutes Neues Jahr. Mit aller Inbrunst wünschen wir Dich zurück. Deine A. und K."

Möge auch euch ein gesegnetes Fest beschert sein, und mögt ihr ohne ernste Probleme ins neue Jahr kommen. Ich freue mich – vielen Dank! Die wollenen roten Socken und der Pullover sind ohne Zweifel nützlich. Daß A. dafür noch Zeit und Muße hatte! Das Feuerzeug, gut überlegt. Aber Feuer habe ich wirklich genug an Bord. Marzipan und Kekse verschwinden in Schüben im Bauch. Ausgehungert nach süßen Sachen kann ich mir die Dinge nicht einteilen. Das andere Päckchen, das ich mitbekommen habe, ist von Tini – meiner Buchhändlerin in Kiel. Was ist da wohl drin? Ein Buch! Dickens: *Ein Weihnachtslied*. Danke, Tini, deine Aufmerksamkeit freut mich. Wer denkt schon im August an Weihnachtsgeschenke? Ihre freundschaftlichen Zeilen tun mir gut: ,,Seit Deiner Abfahrt trinken wir bei jedem Schluck auf Dein Wohl." Und: ,,Mach's gut und komme bloß wieder." Ich sitze in meiner Kajüte inmitten meiner Geschenke. Leere. Dabei weiß man das vorher, setzt sich dem freiwillig aus. Ich krame meinen Handsprechfunk hervor, setze das Gerät in Gang. Nichts, neue Batterien, nichts. Reichweite beträgt ja nur 10 Meilen. Ich weiß, aber man kann es ja mal versuchen, vielleicht ein australischer Fischer. Ich versuche es noch mal. Niemand meldet sich. Niemand in der Nähe.

Ich drücke kräftig mit den Gesichtsmuskeln, der Tränenstrom ist nicht aufzuhalten.

Ich krieche in den Schlafsack, ignoriere den ganzen Mist. Daß es hart aus Nord aufgebrist hat, auch. Nicht mal Weihnachten hat man Ruhe. Bette meinen Kopf auf das Kissen, bezogen mit einem sauberen, weiß-seegrün-gestreiften Bezug, in den fein die Initialen C.M. (A.'s Großmutter) eingestickt sind. Ich bin so tief unten, also schlimmer kann's nicht mehr kommen. Der Mensch ist nicht fürs Alleinleben geschaffen.

25. Dezember – 109. Tag
Weihnachten: Zweiter Teil

Mensch, ihr anderen Weltumsegler, Moitessier, Knox-Johnston etc., wie seid ihr bei miesem Wetter hier unten in völliger Abgeschiedenheit klargekommen? Darüber hätte ich gerne mehr gelesen. Wir schütteln uns zeitweilig entsetzlich – KATHENA macht bei 8 aus West Bocksprünge. Dafür ordentliches Etmal: 138.

Die Pralinen sind mir vorne und hinten rausgekommen. Waren vermutlich verdorben durch die Äquatorhitze. Irgendwie hab' ich das Gefühl, beim Übergeben auch andere bedrückende Dinge ausgekotzt zu haben.

Ich lese die *Zeit* vom 3. August (halbherzig): Dreckschleuder Buschhaus. Autobahnstau – ich lag vor Kiefersfelden. Warum keine Kopfsteuer – über Anreiz, Kinder großzuziehen. Schwimmer Groß – unendlich groß. Auch die Oper der Zukunft interessiert mich nicht sonderlich.

Hatte gestern abend noch paar Auftritte an Deck: Um 23 Uhr Klüver ein Reff eingebunden. Stunde später: Klüver geborgen. Und um Mitternacht: Sturmklüver ausgebaumt. Heute früh um fünf das ganze Gebälk geschiftet. Da hat es mit 35 bis 40 Knoten gestürmt. Folge: Ich muß an Deck bleiben und das Boot von Hand steuern. Auf keinen Fall darf ich mit KATHENA NUI quer zu den anrollenden Sturmseen kommen.

Nächste Doppelseite: Leben in der Aluminiumhöhle. Ich schlafe je nach Seegang und Windrichtung in der Backbord- oder Steuerbordkoje. Bei weißer See wirkt die ganz in Weiß gehaltene Kajüte aufreizend.

30. Dezember – 114. Tag
Königsberger Klopse

Ich zwinge mich, nicht abzusacken. Vor allem beim Essen. Dieses Alleinessen bedrückt mich sehr.
Mit noch weniger Mumm gehe ich an die Kocherei. Es ist eine Überwindung, auf der Anrichte, die hoch- und runtergeht, Zwiebeln zu schneiden, Knoblauchzehen zu schälen, Dosen zu öffnen. Alles muß sofort, nachdem es aus meinen Fingern ist, festgeklemmt werden. Auf dem beweglichen Herd zurre ich Topf oder Pfanne mit Tau zwischen den Schlingerstäben fest. Lustlos verschlinge ich dann die Königsberger Klopse. Gleich aus dem Topf. Noch während des Essens pfeift der Teekessel, ich muß mich eilen.
Ich wünsche mir eine Köchin, aber nicht nur dafür...

31. Dezember – 115. Tag
Silvester 1984

Meine erste Tätigkeit: Ich errechne meinen Schnitt: 110,3 sm. Ich habe Hoffnung, am Ende auf 114 zu kommen.
Messe mal wieder den Wind: 35 bis 38 Knoten. Wie man sich doch vertun kann. – Bei achterlichen Winden unterschätze ich die Stärke stets. Was fällt mir zum Jahresende ein? Nun, zunächst säubere ich die Spüle – o Schreck: altes Fett und Spaghettisoße. Dafür habe ich nur kaltes Meerwasser. Höre die Deutsche Welle. Wetter in Deutschland um den Gefrierpunkt. Haben die also auch einen kalten Arsch. Kohls Neujahrsansprache bewegt mich nicht, wie mich überhaupt Nachrichten nervös machen.
Dann kippe ich mir einen Brandy. Das Meer bekommt einen Schluck, die Aries auch. Meinen Schampus trinke ich heute nicht – zu kalt. Der Himmel grau, Wind ziemlich konstant, wie schon lange nicht mehr. Seit gestern abend keine Segelmanöver ausgeführt! Sowas gab's seit dem Überschreiten des 40. Breitengrades nicht. 24 Stunden ohne Segelarbeit – vom Allmächtigen als Gabe zum Jahresende?!
Genaugenommen kann ich mich nicht beklagen. Chichester, Knox-Johnston segelten von einem Malheur ins andere. Meyer hatte große Probleme mit seinem Rigg: Bolzen und Baumbeschläge

brachen. Aber das war nicht das schlimmste, die Rollfock wurde ihm zur Last: „Der Sturm hatte die Aufwickelleine in der Seilrolle der Fock so festgezogen, daß sich diese nicht drehen ließ. Mehrere Minuten vergingen, bis ich die Fock und den gefährlich hin und her schlagenden Baum bergen konnte. In diesen wenigen Minuten wurde auch dieser Baum stark verbogen und das flatternde Focksegel leider durch den Baum und den Sturm sehr beschädigt."

Meyers Funksprüche führen mir Bilder und Szenen der Tage auf meiner jetzigen Position vor Augen: „Stürme von 8 sind hier häufig, ich fürchte sie nicht. Aber einen besonders schweren Sturm werde ich nicht vergessen, der dauerte vom 6. bis 9. Dezember, mit kurzen Unterbrechungen zwischendurch, so daß es wohl zwei aufeinanderfolgende Tiefs waren. Mein Windmesser hat einen Anzeigenbereich bis 11 Beaufort, aber der Zeiger wanderte noch eine Windbreite weiter, bis zum Anschlag, und blieb dort eine Zeitlang stehen. Es herrschte also Windstärke 12. Dieses Maximum hielt sich allerdings nur solange, bis die Hauptbö vorüber war. Aber 10 bis 11 bf. hatte ich oft in diesem Sturm. Allmählich baute sich ein hoher Seegang auf, einzelne Seen hatten eine Höhe von 12 bis 14 Meter. Es waren wandernde Wasserberge. Wenn der Sturm auf 11 oder 12 anschwoll, war die Wasseroberfläche weiß von Gischt und Schaum. Ich nahm die See von achtern und ließ ›Butera‹ vor der Sturmfock ablaufen. Dabei blieb die Selbststeuerung eingeschaltet, allerdings mußte ich oft eingreifen, wenn das Boot quergeschlagen wurde, weil die Selbststeuerung es nicht schaffte. Stundenlang hielt ich deshalb neben der Pinne Wache."

Hinterher hatte Meyer beträchtliche Schäden: Rollklüver zerfetzt, weil es sich nicht ganz einrollen ließ; Ausfall der elektrischen Selbststeueranlage.

So gesehen stehe ich ja einzigartig da. Habe ich mich instinktiv außergewöhnlich gut vorbereitet? Habe ich das richtige Material gewählt? Ein Langkieler wäre mit Sicherheit ruhiger im Seeverhalten und somit das Leben an Bord gemütlicher. Der Kochtopf würde beispielsweise nicht so oft durch die Kajüte schießen. Aber wenn die Seen anrollen und ein schwerer Langkieler ihnen nicht so zügig ausweicht, die Seen das Schiff voll treffen, dann geht auch leichter etwas zu Bruch.

Nun, mit der Einsamkeit, das habe ich mir – zugegeben – einfacher vorgestellt. Auf meiner ersten Einhandreise gab es keinerlei Probleme. Letztlich habe ich da auch ordentliche Passagen abgesegelt, 69 Tage, 98 und das Riesenende von Kapstadt nach Helgoland mit 131 Tagen. Keinerlei bemerkenswerte Einsamkeitsanfälle damals. Ich hatte auch mit dem Boot genug zu tun. Aber vor allem: niemand, der auf mich wartete. – Also Wilfried, das mußt du auch noch packen, dann geht's.

1. Januar 85 – 116. Tag
Ein Wahnsinnsritt

Ein Wahnsinnsritt ins neue Jahr. Soll ich Tuch kürzen – soll ich's lassen? Lange stehe ich am Niedergang, wäge ab, beobachte durch den Tuchschlitz aus meiner „Alutropfsteinhöhle" die mächtige Fahrt. 8 bis 9 Knoten. Ich steh' und zaudere. Nach wochenlangem „Bummeln" muß ich doch mal voran.

Um 21 Uhr habe ich mich endlich durchgerungen. Der Klüver wird durch den Sturmklüver ersetzt. Fahrtverlust: 1/4 bis 1/2 Knoten. Auf dem Vordeck spüre ich den Wind stärker. Sollte im Zweifelsfall vor solchen Entscheidungen aufs Vordeck gehen. Fühle mich anschließend derart entspannt, daß ich mir eine Dose Bier aufreiße.

3. Januar – 118. Tag
38 Grad Mißweisung

Der beständig fallende Druck bläst mir alle schönen Gedanken aus dem Kopf. Dazu mein Backenzahn, ein Stück abgebrochen.
  Beim Nüsseessen.
  Oh, puh, schlimm! Wind, See, Fahrt. Mehrmals surfen wir um 14 Knoten. Für viele Sekunden bleibt die Nadel dort stehen. Das habe ich noch nicht erlebt. Bestellte damals ein Anzeigegerät bis 10 Knoten, bekam dann dieses bis 15. Ich kann's nicht beschreiben, wie die Nadel pendelt – über die 10 hinaus. Nachmittags steigert sich der West und mehr noch die See. Ich reffe den Sturmklüver, der auf Steuerbord ausgebaut wie ein Brett steht, das Try zieht

auf der anderen, der Backbordseite. Wie ein roter Schmetterling fliegen wir danach übers Meer, 6, 7, 8 Knoten.

Angst und bange ist mir beim Arbeiten auf dem Vordeck. Diese Seen habe ich mit meinen früheren Booten nicht durchsegelt. Mehrmals während der Binderei muß ich mich an den Mast klammern. Finger eiskalt, rot und blau. Mächtige Welle schmeißt alles durch die Kajüte. Luke ist von innen verrammelt. Wir, KATHENA und ich, sind „kippsicher".

Noch um 22 Uhr bläst es weiter. Ich liege auf der Backbordkoje, abgeschottet und müde, zerschlagen. Denke: Das Boot ist gut, liegt phantastisch in dieser Mordssee. Mache kleine Zugeständnisse an den Konstrukteur Dübbel. Wie kann ich sonst bei satten 9 in der Koje liegen? Die Ausgewogenheit in der Steuerung bei schwersten Seen, wenig Tuch und hoher Fahrt. Einfach unglaublich. – Wie oft habe ich Dübbel, meinen Bootsbauer, während des schleppenden Bootsbaus verwünscht.

4. Januar – 119. Tag
Bedeckt, kalt, viele Albatrosse

Obschon ich bei Wetter wie gestern angeleint an Deck arbeite, gibt mir das wenig Sicherheit. Ich möchte bei der hohen Fahrt, eingepackt in Ölzeug und Stiefel, nicht außenbords fallen und mitgezogen werden. Mein derzeitiges Problem: Wie komme ich an Deck klar?, beschäftigt mich erneut. Ebenso der Kampf mit den kalten Händen. Mit steifen Fingern läßt sich nicht gut festhalten. In Handschuhen fühle ich mich noch unsicherer.

Wind/Sturm: Gestern 21 m/s, ich kann getrost 10 Prozent hinzurechnen, denn ich nehme den Wind ja nicht frei an Deck stehend, sondern aus der Luke heraus.

Höhe der Seen: Wenn die Segel im Wellental überhaupt nicht fassen, müssen die Wellen im Schnitt acht bis zehn Meter haben. Einzelne zwölf. So war es gestern. Ich kann die Höhe der Wellen natürlich nur schätzen. Mein Schiff ist zu klein, um Wellenhöhen wirklich messen zu können. Verbürgt sind hier unten zwischen Australien und Kap Hoorn 25 Meter. Ich hoffe, daß ich solche vom Orkan hochgepeitschte Wassermassen nicht sehen muß.

8. Januar – 123. Tag
Life vom Tonband

,,Hallo, hallo, hier ist wieder der Willi aus der Aluminiumhöhle. Na, ganz gut geht's mir nicht, hab' schon wieder einen Sturm hinter mir, so ziemlich hoffe ich, läßt zumindest etwas nach. Es ist 18 Uhr Bordzeit. Habe gerade das erste Mal wieder was zu Essen gemacht: Bratkartoffeln mit Speck und Zwiebeln. Sehr gut. Kartoffeln sind ja auch makellos, eine wie die andere, wie aus dem Sack. Danach einen Tee mit Zitrone getrunken. Vier große Tassen, ja die Zitronen sind auch noch einwandfrei, in Silberfolie gewickelt. Jetzt gehen sie leider zur Neige. Hätte einige Dutzend mehr mitnehmen sollen. Ja, der Tee ist mir wirklich gut bekommen.

Für die Arbeit an Deck verwende ich neben dem schweren Sicherheitsgurt oft nur eine über Schulter und Taille geknotete Leine.

Deswegen habe ich das Band eben rausgeholt, um ein paar Meter durchzugeben. Sechs Grad hier drin. Heute mittag war ich 50° 11′.

Kannst du dir das vorstellen? Auf dieser Länge wollte ich noch längst nicht auf 50 Grad Süd sein. Südlich von Australien, ziemlich in der Mitte. Na, da hat das schon wieder in der Nacht angefangen. Stets in der Nacht, verstehe das, wer will. Zwei Segelwechsel, und das jumpte auf dem Vordeck.

Die Etmale natürlich super in den letzten acht Tagen, seit Weihnachten, eines wie das andere, immer 120, 130, 140, heute sogar 165, ich fuhr nämlich in diesem Sturm fast zuviel Tuch, fast zuviel, 14 qm. Unheimlich.

Schon das dritte Mal in diesem Jahr Kopfschmerzen. Ich weiß nicht, woher sie kommen. Ob das irgendwie an dem Eingeschlos-

Eine gefährliche Kreuzsee bricht sich im Kielwasser. Sie kann ein Boot meiner Größe zum Kentern bringen.

Träume! Bin noch heftig. S[...] mich achte[n] [K]omischerweise lachend.

Bis jetzt mit den Dingen (siehe oben) beschäft[igt]. Jetzt würde ich mir gerne die Füße waschen aber leider ist die Sonne weg und der W[ind] kommt – eiskalt.
Höre tagsüber Radio Australien: Haben am Problem mit dem Wetter. Sommer will sich einstellen. Sydney 28°C. ~~Hobart~~ 21°C

sensein hier liegt. Aluminiumbedrückung? Schön die Wollsocken, heut hab' ich die dunkelblauen an, die roten werde ich schonen.

Ich habe viel gelesen die letzten Tage. Ganz gutes Buch. Von dem Naipaul: *Ein Haus für Mr. Biswas*. Bin richtig gierig darauf gewesen. Hat mir gut gefallen. Von der Karibik, von Trinidadindern. Toll geschrieben. Mußt Du unbedingt lesen. Kann ich die Marquez-Bücher vergessen, die ich mithabe. Der ist ja so verdreht, kein klarer Ablauf, komm' ich nicht mit.

Sonst hänge ich hier gerade auf dem Boden rum. Drumherum alles Zeitungsseiten. Da sitze ich zum Teil drauf, darauf leg' ich mein Ölzeug ab und all so was. Draußen mal wieder completely dicht. Eine halbe Stunde war es aufgerissen, so lange, daß ich das Besteck machen konnte. Gestern keine Vögel, heute nur für kurze Zeit, und weg waren sie.

Ich habe vor, die Insel Macquarie anzulaufen, hoffentlich spielt das Wetter mit, denn weit vorgelagert gibt es viele Felsen und Untiefen. Danach wird es problematisch. Entweder lege ich Kurs gerade durch auf 50 bis 60 Grad zum Hoorn, aber da muß ich ständig Eisbergwache gehen, oder ich mache einen kleinen Bogen nach Norden, auf 53/54 Grad. Na, so weit ist es noch nicht, will das mal checken, ist noch Zeit bis Macquarie. Das will ich auf alle Fälle ansteuern! Nachricht für Euch. Aber wichtiger, die Insel soll als Beweis dienen, daß ich diese Fahrt so gemacht habe. Ach, ist das schön warm in den Socken. hab nämlich zuviel kalte Füße, und das untergräbt die Moral."

10. Januar – 125. Tag
Träume

Der Tag beginnt mit blauen „Gletschern" in den Wolken und schönem Westsüdwest. Ich lege gleich die Zwiebeln in das Cockpit zum Trocknen, leider einige faul, aber die Sonne wird ihnen guttun. Ich denke, die reichen noch für über 100 Tage. Mein wichtigster Vitaminträger. Vitamintabletten habe ich nicht mit. In geringen Mengen nehme ich Spirulina – eine Mikroalge. Neben den Zwiebeln kommen Polster, Kameras, Objektive raus. Also, das Deck ist voll. Im sogenannten Toilettenraum ist es total feucht, da hängen die Tropfen an der Decke – immer. Eine richtige Tropfsteinhöhle. Seekarten, die dort lagern, müssen auch an Deck.

Zwischendurch Takelarbeiten. Fallen werden einen halben Meter gekürzt, damit der Schamfilpunkt versetzt. Segel nachgenäht – an Deck stehend. Brrr... Auch wenn es fast achterlich weht, ist die Kälte doch durchdringend.

Liegt es auch an der Kälte, daß ich so intensiv und überdeutlich träume? „A. macht sich eine Flasche Bier auf, gießt vorsichtig das Glas voll. K. sitzt am anderen Ende des Sofas und sieht irgendwas im Fernsehen, im blauweißgestreiften Bademantel und mit verdrehtem Kopf. A. sagt: Ich bin schwanger, K. Ich krieg' ein Baby. Da steht der Junge auf, macht den Fernseher aus und sagt verblüfft. Aber W. ist doch schon lange weg. A.: So lange doch nicht. K.: Da freue ich mich. Ich behüte dich. Und schlafe solange in W.'s Bett."

Ich liege vor Macquarie

Fast wäre die Reise vor Macquarie zu Ende gewesen. Bei dem Vorhaben, über die antarktische Station eine Positionsmeldung zu hinterlassen, wäre KATHENA NUI *beinahe auf den vorgelagerten Felsen gestrandet. Nach dem Verlassen der Bucht habe ich keinerlei Ehrgeiz, die Nonstop-Fahrt fortzusetzen.*

14. Januar – 129. Tag
Tasmanien: 460 Meilen in Nord

Die neue Woche beginnt mit Fotografieren. Halbherzig hole ich die Kamera aus dem Koffer. Ich muß ran – ob ich will oder nicht. Lange genug habe ich das Bildermachen vor mir hergeschoben. Erstens habe ich Bedenken, das belichtete Material würde 200 Seetage nicht ohne Schaden überstehen. Zweitens tue ich mich ungemein schwer, diese ausgesprochene Seefahrt fotografisch in den Griff zu kriegen. Ich habe Scheu vor Selbstauslöserfotos und Wiederholungen, zögere, während interessanter Situationen oder gar bei schwerem Sturm zur Kamera zu greifen. Ich möchte die Bilder in diesen Augenblicken nur für mich haben, nicht durch den rechteckigen Sucher verewigen. Andererseits brauche ich Aufnahmen für ein Buch, für Bildberichte, denn ich muß auch nach der Fahrt leben.
    Ich weiß es. Und tue mich trotzdem schwer, auch heute.
    I am sailing... Rod Stewart in Radio Australia. Klar und deutlich. Diese leicht krächzende Stimme – cross the sea...stormy waters...to be near you...to be free. Nie in solcher Intensität zugehört. Gefällt mir, packt mich. Schön melancholisch.
    Dann kriege ich noch das Wetter mit: Melbourne: 42°C (alle stöhnen unter dieser Hitze), und daß die Australier den höchsten Verbrauch an Trockenobst haben – zwei Kilo pro Kopf und Jahr. Ich lange bei mir an Bord gleich kräftig zu.

15. Januar – 130. Tag
Eisblink in Südost

Überwältigt von Eisblink verbringe ich die halbe Nacht an Deck. Was für ein schöner Anblick – dieser schimmernde Lichtschleier in den kalten Farben von Weiß und Hellblau. Als ob die Götter über den Himmel schreiten. Ihre durchsichtigen Schleier wirken dabei wie lichte Umhänge, die von einem Punkt ganz oben am Himmel herunterreichen bis aufs Wasser am Horizont. Eine Erscheinung, wie ich sie nie beobachtet habe: blasse, bezaubernde, furchterregende Lichter. Ein Schauspiel, das mich nicht schlafen läßt. Unheimlich gute Sicht dabei.

Mein dtv-Lexikon: Eisblink, in den Polarmeeren der helle Widerschein des Polareises am Horizont.

17. Januar – 132. Tag
Ich habe Zweifel

Macquarie liegt auf 55 Grad Süd, und dort befindet sich eine australische antarktische Station. Macquarie setzt mir ganz ordentlich zu. Die Ansteuerung wird, wie auch immer das Wetter sein mag, problematisch. Die Insel liegt 17 Meilen lang und 3 Meilen breit in Nord-Süd-Richtung. Also genau breitseits zu meinem Kurs und der Hauptwind- und Seegangsrichtung. Das wäre nicht das schlimmste, aber an beiden Kaps liegen viele Meilen vorgelagert Felsen, Untiefen und winzige Inseln. Die könnten mir gefährlich werden.

Mein zweites und noch größeres Problem: Ich habe das 1985er Jahrbuch nicht mit, bekam es im August noch nicht. So ermittle ich die Länge ausschließlich mit der Kulmination der Sonne. Der Haken: Dies kann ich nur einmal am Tag feststellen. Ist die Sonne zur Mittagszeit verdeckt, stehe ich ohne Standortbestimmung da. Wie heute!

Die dritte Sache: Ich schleppe seit Tagen einen Virus im Körper mit.

All dieser Dinge wegen bin ich heiß, unruhig, nervös. Die Angst verfolgt mich bei diesem verdammten Macquarie. Soll ich es sausen lassen? Aber da ist der Wunsch, meine Position als Beweis durchzugeben, daß ich diesen Nonstop-Trip wirklich gemacht habe und nicht bei Crozet abgedreht und in den Atlantik zurückgesegelt bin.

18. Januar – 133. Tag
Rückwärts segeln

Heute liege ich hinter meiner gestrigen – gekoppelten – Mittagsposition. War bei dem Südoststurm vergangene Nacht Gegenstrom? Der Südost hält auch heute an. Ärgere mich, denn ich wäre zu gerne morgen – am Samstag – vor der Station aufgekreuzt. Was die wohl denken werden. Kommt einer vorbei und sagt nur hallo. Verrückt. Trotzdem, auf Macquarie freue ich mich. Ob es grün ist? Egal. Bei diesem Gedanken finde ich das augenblickliche Schönwetter trotz allem schön.

Wieviele Meilen schreibe ich heute meinem Logbuch gut? Kompliziert. Begnüge mich mit den gesegelten, inklusive Kreuzschläge: 42. Damit geht eine Serie zu Ende, wie ich sie noch nie hatte und die sich bestimmt nicht wiederholt: an 24 Tagen nacheinander Etmale über 110 Seemeilen.

Ein Witz, daß Macquarie nicht auf meiner Weltkarte drauf ist, die an der Wand hängt. Die Insel ist zu weit südlich, 55 Grad. Muß wohl ein Stück ankleben. Ganz schöner Kurs gen Süd.

19. Januar – 134. Tag
Stetiger Barometerfall

Keine Lust für Notierungen. Kein Hungergefühl. Bin mir selbst vor Anspannung im Wege. Viele Vögel, Sturmschwalben, deuten an, daß Land in der Nähe sein muß.

Mittags noch 63 Seemeilen. Bei Nord 4 bis 5 und beständigem Fallen des Drucks.

20.30 Uhr: Mit verminderter Fahrt halte ich auf das Nordkap von Macquarie zu. Will der 433 Meter hohen Insel nicht zu nahe kommen. Nieselregen und ganz schlechte Sicht.

Soll ich beidrehen? Die Frage quält mich. Aber der südsetzende Strom und der Fall. Ich kann mich nicht entscheiden. Bei Sturm platt vor der Insel zu liegen, kann gefährlich werden. Ich halte weiter Kurs Nordkap. Sitze oder stehe eingepackt im Overall an Deck: Kurskontrolle, Blick voraus, Blick rundum, Gang aufs Vorschiff. Um weiter sehen zu können, stelle ich mich am Mast auf den Baum. Und um meine Sicht zu verbessern, lösche ich die Petroleumlampe in der Kajüte. Mit Regenböen und nur 3 Knoten durch die Nacht.

20. Januar – 135. Tag
Macquarie: Life vom Tonband

Entsetzlich, nein, nein. A., wir müssen gemeinsam ein Dutzend Kerzen opfern – abbrennen. Um fünf nach drei wäre es bald passiert. Gerade im Zwielicht, bei Nieselregen und natürlich schlechter Sicht. Und diese Felseninseln, die da vorstehen im Norden von Macquarie, sind auch nur 62 Fuß hoch. Judge and Clerk. Vier Stück insgesamt. Und die hatte ich – na – einige hundert Meter in Ostnordost.

Ich war nur kurz unten pinkeln, ziemlich kompliziert wegen des Overalls. Als ich wieder rauskam, waren sie DA – die Felsen. Die ganze Nacht. Ich mußte erstmal einen Blick rundum werfen. Also, ich muß wirklich Gott danken. Nee, nee. Jetzt muß ich aufpassen. Regnet sehr. Das Nordkap verschwindet immer wieder mal. Sind zwar noch drei Meilen hin, aber … jetzt bin ich doch kribbelig, übermüdet, verdattert. Die letzten Stunden waren zuviel: Kreuzschläge, Regenböen, Hagel. 180 Grad Winddrehung. Alles drin in dieser Ansteuerung. Ja, jetzt steuere ich die Station an. Noch fünf Meilen. Ist auch noch Sonntag, da schlafen die noch. Na, ich werde warten. Junge, Junge, das Ölzeug, och, hab so kalte Hände, krieg den Reißverschluß nicht zu. Alles Scheiße. Wollte ja gerne so eine Öljacke zum Überstreifen, die dann noch bis zu den Knien geht.

Ich bin total geschafft. Diese Felsen, andererseits im Norden Riffe, im Süden Riffe. Fallender Druck. Ich mußte da einfach durch. Daß ich das jetzt soweit habe! Hatte schon seit drei Tagen großen Bammel davor. Bei diesem miesen Wetter: abwechselnd Regen, Flaute, Südost, kurz mit Sturmstärke.

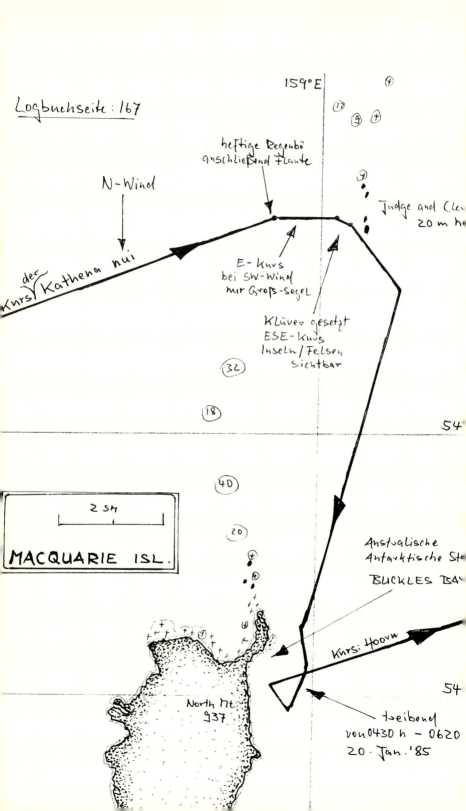

Stop, ich geh mal an Deck gucken. Ist noch'n bißchen hin. Zwei Meilen, bevor ich wieder sehr aufpassen muß.

Ja, also dieser Schreck. Ich dachte: Mann, sind das hohe Wellen, daß sich die See auf 100 Meter Wassertiefe so aufbauen kann. Ist ein bißchen flach hier, um 100 Meter. Deswegen hatte ich auch mächtig Angst, bei Weststurm hier durch. Das kann gefährlich werden... Ja, ich dachte, sind das hohe Wellen, als ich sie kurze Zeit unterm Klüver sah. Ich machte gerade ordentlich Fahrt. Und dann sah ich die Wellen wieder an derselben Stelle. Das gibt es doch nicht, die können uns umdrehen, denke ich noch... Och, da sind ja Steine. Mann, das gibt es doch nicht – Felsen! Meine Reaktion: Wie eine Katze an Schoten und Pinne, abgefallen bin ich, dann aufs Vordeck – Rundumblick. Sind es die Steine, die dicht bei Wireless Hill liegen, am Nordkap? Oder die fünf Meilen nördlich davon? Nichts ist zu erkennen. Regenwolken und Niesel, trübe Sicht um eine Meile. Bin ich mitten drin? Ich runter an die Seekarte. Wieder raus. Blick gen Süden, mir juckt alles. Angst in der Düsternis. Ich ziehe mich an den Wanten zur Sailing hoch ... und da kann ich endlich Wireless Hill ausmachen, so wie in der Seekarte skizziert.

Hatte ich in der Nacht einen Dusel! Eine Stunde, bevor Judge and Clerk in Sicht kamen, lag ich für 30 Minuten in einer Flaute, dann eine Bö aus Südwest. Und hätte es diese Stille nicht gegeben, wäre ich unweigerlich auf die Felsen drauf, in der Dunkelheit. ich vermute, auf den kargen Steinen wäre nicht viel Platz, und das wäre es dann.

Inzwischen liege ich eine Meile östlich – in Lee – der Station. Regenbö folgt auf Regenbö, Halbinsel ganz im Dunst. Sehr schlechte Sicht. Kein Foto zu machen. Ist aber auch nicht viel zu sehen. Nichts Besonderes, muß ich leider feststellen. Grün und bräunlich sind einige Hänge. Kein Schnee auf den Kuppen. Paar schwarze vorgelagerte Felsen, das ist alles. Leider ist es erst ein Viertel vor fünf und Sonntag. Ich werde noch eine Weile warten – bis um sieben etwa –, bevor ich den Funker aus dem Bett hole. Um sieben kann ich mir das erlauben, meine ich.

Seehunde, Kelp, ein Kormoran und ein anderer Tauchvogel, bin zu müde jetzt.

Beinahe wäre die Nonstop-Fahrt vor Macquarie Island zu Ende gewesen. Es fehlten nur einige hundert Meter, und ich hätte Schiffbruch auf den vorgelagerten Judge- and Clerk-Inseln erlitten.

Um wieder auf die Beine zu kommen, koche ich mir jetzt Haferbrei.

„Macquarie Island calling the sailing boat." Als ich mitten beim Kochen bin, höre ich mehrmals über mein eingeschaltetes Funksprechgerät:

„Macquarie Island calling the sailing boat."

„Hallo, Macquarie Island, here is the sailing boat drifting opposite your station."

„I read you loud and clear. Do you copy?"

„Yes, Good morning. Surprised that you got up so early on sunday morning. Well, I'm alone on bord. I'm on a nonstop-circum-navigation and left West-Germany 134 days ago. Could you send a short cable to my family, just a very short one?"

Man versteht mich, geht auf mich ein! Ich bringe mein „Anliegen" vor, und es klappt – ich höre: „Yes, we can do tomorrow morning, we do it first thing on monday morning."

Über die Kosten für das Telegramm soll ich mir keine Gedanken machen:

„Don't worry about that. It's on our behalf."

Mein Gespräch mit der australischen Funkerin dauert natürlich länger. Ich beantworte ihre Fragen nach meiner Route und dem Wetter unterwegs. Aufgeregt erzähle ich ihr auch von meinem Mißgeschick mit den Inseln Judge and Clerk. Das hat mir gut getan! Alles ging besser, als ich gedacht habe.

Die Station liegt 5 Meilen achteraus. Bin froh, als ich aus der Bucht bin. Eine Regenbö nach der anderen zog übers Plateau. Zu erkennen gab's für mich nichts, außer einer hohen Antenne, Flechten und Moos, kaum ein Vogel zeigte sich. In unmittelbarer Nähe erschreckt mich ein Tauchvogel mit orangenem Hals. Der macht den einzigen Krach mit seinem Geschrei in der absolut stillen Bucht.

Ich habe die Station nochmals angesprochen, nachdem ich die Segel gesetzt hatte und aus der Enge der Bucht raus war. Wollte noch wissen, wie es mit den Eisbergen ist. Antwort: Um diese Jahreszeit keine Gefahr, da kommen sie nicht so weit nördlich. Weiter erfuhr ich, daß die Forschungsstation 1948 eingerichtet wurde. Sie arbeiten jetzt mit 25 Personen, im März werden jedoch fünf abge-

Die nahe Küste Macquaries. – Nach dem Funkkontakt habe ich keinerlei Ehrgeiz mehr. Zweifel an meinem Unternehmen plagen mich: Die Reise ist lang, so hart.

Die Insel Macquarie liegt achteraus. Hier am Nordkap, in der Mitte des Bildes, befindet sich die australische, antarktische Station. Einen Hafen oder geschützten Ankerplatz bietet sie nicht.

holt, so daß den Winter über noch 20 verbleiben. Nach diesem zweiten Gespräch mit der Funkerin wollte ich wissen, wie alt sie ist, doch das hat sie mir nicht verraten, meinte aber: „I'm young enough for you!"

21. Januar – 136. Tag
Mein Ehrgeiz ertrinkt in den Wogen

Rums, rums... KATHENA NUI setzt hart ein. Gischt fegt übers Deck. Nach Judge and Clerk, Macquarie und einer Nacht mit nur zwei kleinen Schlafperioden nun Sturm aus Südost.

Ich habe keinerlei Ehrgeiz mehr. Nur noch kalte Füße. Und verführerische Seekarten von Neuseeland. Da ist es warm, da gibt es sichere Häfen. Da kenne ich Renate, Uwe, Walter. Abbrechen? Aufgeben?

Gestern war ich eine Zeitlang total weg. Die Funkerin möbelte mich zwar auf. Aber die Weite vor mir –. Mein Zirkel wandert über die Karte: Noch genau 5000 Meilen bis zum Hoorn, wenn ich auf 52 bis 54 Süd segle, das schlimmste Segelgebiet. Meyer ist dort verschollen. Anderen wurden die Schiffe schwer beschädigt.

Kein Meer für einen ausgepowerten Zweifler, der Leere in sich spürt und sich fragt: Wozu? Warum? Weshalb?

Judge and Clerk haben es mir gestern gezeigt. Nun gut, ich fand mich rückblickend sehr flink. Innerhalb von zwanzig Sekunden hatte ich neuen Kurs und Seekarte angeschaut und die Möglichkeit einer Wende oder Halse einkalkuliert. Trotzdem – groben Fehler gemacht. Ich hätte beidrehen und auf Wetterbesserung warten sollen. Aber andererseits, der Luftdruckfall. Es hätte Sturm geben können und dann über die 30-Faden-Bank? Bei Crozet bin ich über 100 Faden, und, mein lieber Scholli, das waren nur 5 bis 6 Windstärken. Was für tiefatmende Roller!

Dieses Telegramm quält mich. Merkwürdig, ich habe genau das Gegenteil erwartet: Es sollte mich stabilisieren, mich befreien von trüben Gedanken an A. und K. Mich endlich mit Boot und Natur in Einklang bringen.

Unruhe und Neugierde trieben mich auf diese Route. Heimweh, Strapazen und ein Mangel an Mut – nach Hause? Ermattet von meinem Grübeln, das sich im Kreise dreht, lege ich den Kurs auf die Westküste Neuseelands – Abbruch. Es ist tiefe Nacht.

24. Januar – 139. Tag
Ich gebe auf

Oh, oh, was tun, was soll ich tun?
    Seit drei Tagen nun schon auf Neuseeland-Kurs gleich Abbruchkurs. Obwohl ich nicht überzeugt bin, daß es richtig ist aufzugeben. Die Gedanken an die Erwartungen meiner Freunde in Kiel, Augsburg und Hamburg: „Wenn es einer packen kann, dann du!" Ich möchte sie nicht enttäuschen. Mit wieviel Intensität, Energie und Zähigkeit habe ich die Hindernisse bewältigt, die zwischen Idee und HIER standen. Alles umsonst? Nur aufgeben, weil, salopp gesagt, das Land nah ist und ich keinen Bock mehr auf die See habe? Muß ich mir zu großen Ehrgeiz vorwerfen? Wie soll ich, der ich mich klein in der Weite des Meeres fühle, den notwendigen Leistungswillen aufbringen? Ich, der mit der Isolation nicht fertig wird. Mein Abbruch ist ein Eingeständnis meines Versagens.
    Eine Vereinsamung packt mich, die jenseits meiner bisherigen Erfahrung liegt. Allein essen zu müssen, erscheint mir wie eine Verdammung. Noch nicht ganz die Hälfte geschafft und schon ohne jegliche Motivation. Dringend notwendige Reparaturen habe ich für gutes Wetter westlich Macquaries aufgeschoben. Das große Aufräumen in der Kajüte habe ich unterlassen.
    Mein Motivationsverlust wird gefährlich, geht gar so weit, daß ich in diesem dicken Nebel nicht an Deck bin, um Ausschau zu halten nach Auckland Island. Weiß aber nicht genau, wo ich bin. Seit drei Tagen keine Ortsbestimmung. Ich bin so und so in einer verzwickten, zerrissenen Situation.
    Zum Glück ist die Nacht kurz. Dieses dauernde Auf und Ab, Raus und Rein, bringt mich außer Atem, erschöpft meine Kräfte. In letzter Zeit kommen Schwindelanfälle und seltsame, unerklärliche Angstzustände hinzu. Eine Empfindung, die ich nur schwer beschreiben kann. Alles in meinem Körper spannt sich zum Zerreißen.
    Müde und kraftlos erhebe ich mich und gehe meinem Tagwerk nach. Was hat das alles für einen Sinn?

Nächste Doppelseite:
Außen und innen umnebelt nehme ich
Kurs auf Neuseeland, um das
Nonstop-Abenteuer abzubrechen.

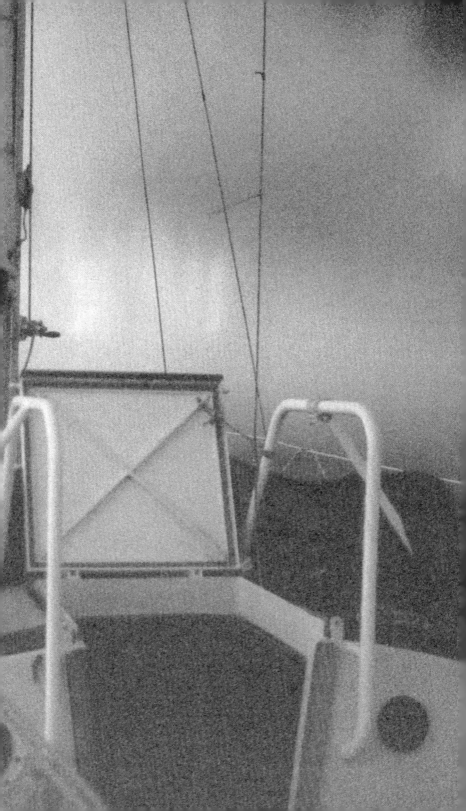

25. Januar – 140. Tag
Kurs Kap Hoorn

In der Nacht, als ich außen und innen umnebelt war, habe ich mich entschieden: Ich breche nicht ab. Der Kurs liegt wieder Ost mit leichter Südkomponente. Die Angst, zum Gespött zu werden, reißt mich noch mal hoch. Und ich weiß, daß es auch für mich mit der Erstleistung, nonstop um die Erde gesegelt zu sein, zu Ende sein würde. Ein für allemal. Zu einem zweiten Versuch würde ich mich nie aufraffen.

Ich habe mir einen Plan gemacht, um physisch und psychisch zu Kräften zu kommen. Ich muß mich einer strengen Bordroutine unterwerfen:
1. Eine warme Mahlzeit pro Tag.
2. Schlaf- und Wachperioden besser einhalten.
3. Einmal pro Woche einen Ferientag einlegen, das bedeutet, verhaltenes Segeln mit weniger Tuch, kaum Kurskorrekturen, langes Ausschlafen.
4. Mehr auf die Hygiene achten. Also möglichst wöchentlich eine Körperwäsche (gegebenenfalls „Trockenwäsche").

Nachdem ich diese Auflistung ans Schott überm Kartentisch geklebt habe, fühle ich mich schon besser. Hinzu kommt, daß der Nebel fort ist und ich – endlich, nach fünf Tagen – fürs Besteck die Sonne kriege. Kann die Breite – 51°02' – kaum glauben. Rechne sie stets schon im Kopf aus. So weit im Norden habe ich mich nicht vermutet. Auckland ist klar und Campbell schon lange.

Daß ich mit mir ins reine gekommen bin, freut mich unheimlich. Mein Ausdruck der Freude: Ich werde ganz still. Und trotz kleiner Augen beobachte ich die Vögel im Kielwasser. Stundenlang.

Dabei lehne ich entspannt überm Cockpit-Süllbord mit Blick nach achtern.

Die Luft hat 10 Grad Celsius. Mit einem hartgummigeschützten Thermometer, das ich außenbords einen Meter absenke, messe ich die Wassertemperatur: 9 Grad! Das nahe Land – Neuseeland – macht sich bemerkbar. Nun, zwei, drei Segeltage weiter und die Temperaturen werden wieder rapide fallen. Ich notiere sie, wie üblich, einmal täglich im Logbuch.

Der Kurs liegt zwar Kap Hoorn, doch ganz so einfach sind die Dinge natürlich nicht. Ins „reine" bin ich mit mir lange nicht. Die Gedanken kommen stoßweise, abgerissen auf die Beweggründe dieser Fahrt zurück. Letztlich ist das Motiv Erstleistung nur noch ein geringer Antrieb, wenn überhaupt noch einer, das Boot weiter voranzutreiben und sich mit Wind und Meer auseinanderzusetzen. – Wahrscheinlich ist meine Entscheidung, die Reise fortzusetzen in der Neugierde am Selbst begründet. – Und am Verhältnis zum Meer. Es befreit und ist feindlich zugleich. Es macht angst. Ja, Angst gehört zu dieser Prüfung. Aber eigentlich gibt es nichts, was einem ständig angst machen kann. Auch das Meer nicht. Liegt darin die Faszination?

Der Tag wird noch lang. Dunkle, tiefhängende Wolken ziehen von Süden auf. Blitzschnell verschlechtert sich das Wetter. Nieselregen und Böenstöße setzen ein. Ich ahne, was da kommt. Eben noch ein mäßiger Südwind, weht es bald steif und kalt aus Südsüdost. Ich wechsle den großen Klüver gegen eine Fock und lasche das geborgene Segel nicht mehr an die Reling, wo es zuviel Windwiderstand bieten würde. Es kommt in den Sack und unter Deck. Schließlich befinde ich mich in einer Region, die zu den extremsten Klimazonen der Erde gehört.

Mit einer Tasse heißem Kakao in der Hand fasse ich abends zusammen: Ich bin bisher gut vorangekommen. Und: Wenn ich mich in der richtigen Stimmung halte, machen mir auch physische Strapazen nichts aus.

Die schreienden Fünfziger

Die Kaltfronten südlich des 50. Breitengrades sind wechselhaft und dramatisch in ihrem Auftreten. Kurz aufeinanderfolgende Stürme haben zur Folge, daß sich das Meer nicht beruhigen kann und sich Wellen gigantischer Höhe übereinanderschieben. Gipfel ohne Namen, die sich fortwährend gefährlich am Schiff brechen.

27. Januar – 142. Tag
Der Marmorkuchen

Damit auch für mich heute Sonntag ist, backe ich mir einen Kuchen. Vielleicht auch, weil ich froh bin, die Neuseelanddepression überwunden zu haben. Jedenfalls rühre ich einen Marmorkuchenteig an, mache kleine Kugeln und backe sie in einer Pfanne mit Deckel. Nicht übel. Nur: Wie eben Kuchen ohne Zucker schmeckt. Den habe ich vergessen.

Ich bin guter Stimmung. Die Sonne scheint. Barometer – fest 1014 mb. Super-Etmal – 141. Bauch okay. Meine Bedürfnisse sind bescheiden. Hätte nur gerne was Lebendiges in der Nähe. Andere Segler haben über Wochen „ihre" Vögel dabei. Warum ich nicht? Heute für ganz kurze Zeit zwei Albatrosse.

28. Januar – 143. Tag
Datumsgrenze

Ich bin high – und später total overcast. Halbzeit mit der Datumsgrenze. Es geht bergab. Ich habe den Berg erklommen; genaugenommen steht der Gipfel (Hoorn) noch bevor, doch das verdränge ich erst mal. Ich bin glücklich, befreit und ausgelassen. Wie sich die Stimmungen doch innerhalb von Tagen verlagern.

Daß mir heute zum Beispiel der Pudding kentert und der Reistopf durch die Kajüte poltert, stört mich nicht. Ich freue mich den ganzen Tag.

Ich öffne und lasse den Korken knallen. Die Flasche Moët et Chandon, ein Geschenk der Ketsch MAPE in der Kieler Förde, wird geleert und an dieser Stelle mit Seewasser gefüllt.

Die Flasche Champagner versetzt mich in trotzige Euphorie: Ich liebe dieses Hin und Her, dieses Mehr, dieses Meer. Ich liebe alles, so wie es ist: meine Kajüte, meine Koje, mein Rigg, meinen Kartentisch, mein Cockpit und mein Ich. So ausgeglichen und mit mir selbst im reinen bin ich selten an Land. Ich brauche eine Aufgabe, die außerhalb des Normalen liegt. Ein Mensch für gleichmäßigen Rhythmus bin ich ohnehin nicht.

Resümee der 142 Tage bisher: Schoten und Fallen haben gelitten, die Segel kaum, von den Stagreitern sind viele in die Brüche gegangen. Beschläge an Deck alle tiptopp, Lager der Aries ausnehmend gut, Petroleumkocher o.k., ich leicht angekratzt, aber: Wenn ich gefordert werde, bin ich voll da. Oder: wieder da!

28. Januar – 144. Tag
Diesen Tag habe ich zweimal

Es weht und „seet" ganz ordentlich. Es fing sogleich nach fallendem Druck an. Zügig, innerhalb von zehn Minuten. Ich will der Kaltfront mit einer leichten Kursänderung, – 2 Strich nach Nord ausweichen. Natürlich habe ich eine scheußliche Nacht hinter mir: hören, stehen, beobachten, raus an die Tücher. Im Regen Groß und Klüver reffen, doppelt angeleint turne ich an Deck rum. Es dauert ziemlich lange, schon allein dadurch, daß ich mich dauernd neu sichern und entsichern muß. Gestern war ich so gelöst und ganz ohne Bedenken. Sozusagen auch mit mir auf dem Kamm der Woge dieser Route. Berauscht und voller Zuversicht und Selbstvertrauen für die zweite Hälfte. Der Champagner ist mir gut bekommen. Nur schade, daß mir der Genuß etwas verwindet wurde.

Zur Nacht hin wird es noch ärger. Der Himmel färbt sich schwarz. In einer Böenwalze binde ich die letzte Reffreihe ins Groß. Natürlich zu spät. Aber andererseits eben noch rechtzeitig: Ich bin gerade unten, da drückt eine mächtige schaumumtoste See KATHENA NUI auf Backbord rüber, daß die Reling glatt durchs Wasser zieht. Ich stehe währenddessen senkrecht auf meinem

„Speckfach" unterm Kocher. Bücher, das große Messer und alle Gegenstände aus dem Kochschrank schießen dabei durch die Kajüte.

Das tropfende Ölzeug macht alles naß. Um den Kajütboden einigermaßen trocken zu halten, lege ich ihn mit Zeitungen aus. Mehr Wasser dringt allerdings durch die Luke, sie schließt leider nicht so, wie ich es gern hätte. Später: lange Pausen im Wind. Wie ich doch gleich aufatme. Obschon: Diesmal war ich ziemlich cool. Höhe der Seen: 8 bis 9 Meter!

1. Februar – 148. Tag
Grog und Ostwind

Hm –! Ostwind bei Nieselregen. Ordne Seekarten. Das heißt, die Neuseelandkarten kommen weit weg und die Hoorn-Karten ganz nach oben.

Zu gerne hätte ich Wasser aufgefangen. Wäre unbedingt nötig, habe nur noch 120 Liter zum Trinken und Kochen. Aber der Nieselregen spült das Salz nicht aus dem Segel, und mit der Sonnenpersenning, über das Cockpit gespannt, bin ich nicht erfolgreich. Es reicht gerade für meinen ersten Grog auf dieser Fahrt. Mische ihn aus der Flasche „Hansen Präsident", die mir Ernst-August, mein Bürgermeister, mitgab. Überhaupt hat mich verwundert, daß er, der nicht viel mit dem Wasser im Sinn hat, nach Kiel gekommen ist und mich verabschiedet hat. Seine Frau weinte, als sie sich noch am Abfahrtsmorgen meine Kajüte anschaute. Seltsam dachte ich, die kennt dich doch kaum – und dann Tränen!

Selbstverständlich bekommen auch der Wind, die See und das Boot einen Schuß Rum ab. Die Götter müssen längst Alkoholiker sein – bei all den Seeleuten über die Jahrhunderte hinweg! Ohne Zweifel: Der Grog schmeckt. Könnte noch einen zweiten vertragen, nur, wie schon oft erwähnt, habe ich nicht ausreichend „Brennstoff" gebunkert. Jetzt gibt es nur noch zwei Flaschen. Zwar kein dolles Etmal – 58 sm – aber was soll's, der Mensch braucht ein paar Stunden Ruhe, sozusagen ein freier Tag für mich. Ich penne richtig tief. Fühle mich rundum wohl und freue mich, daß es so ist.

2. Februar – 149. Tag
Pflaumen von der Nachbarin

Deck: 5°C, greisengrau, später dichter Nebel. Ich igle mich ein. Bei 7°C Kajüttemperatur kämpfe ich mit Milch und Honig gegen Halsschmerzen und Fieber. Empfinde sie als störend. Eingemummt in doppelten Faserpelz, ein Handtuch als Schal, schiebe ich mir zur Kühlung Pflaumen rein – eingekocht von der Nachbarin.

Um mich herum alles feucht und klamm. In meiner „Tropfsteinhöhle" trieft es von der Decke, von den Schotten. Ich habe die Isolierung nicht sorgfältig ausgeführt, zu viele Wärmebrücken zugelassen – eine Folge des Zeitdrucks. Und Aluminium verlangt wegen seiner hohen Leitfähigkeit penible Isolierung. Im Toilettenraum, der überhaupt nicht isoliert ist und den ich als Stauraum benutze, gammelt es furchtbar. Was nicht in Plastiktüten eingewickelt ist, hat Stockflecken, löst sich auf vom vielen Kondenswasser.

Die Maststütze in der Kajüte, ein Alurohr – ein Rinnsal, das nie austrocknet. Und die Stütze am Kartentisch hat ihren eigentlichen Zweck eingebüßt – ich halte mich nur selten daran fest, kalt und naß wie sie ist.

Glücklicherweise ist die Bilge trocken – relativ.

4. Februar – 151. Tag
Klüver gerissen

Ein eisiger, heulender Wind zwischen 5 und 8. Der Sonnenaufgang deutete es an: Wolkenlos und rot heißt hier unten gleich Schlechtwetter. Natürlich habe ich zuviel Tuch stehen. Sorgenvoll schaue ich zum Klüver. In einer plötzlichen Bö mit Winddrehung reißt er. Beim Bergen klatscht das Tuch ins Meer, und die eingebundene Reffreihe füllt sich mit Wasser. Hartnäckig versuche ich sie an Deck zu kriegen. Gelingt mir nicht. Wind beißt mir ins Gesicht, läßt meine Augen tränen. Mit den starren Fingern muß ich erneut zum Fall greifen – den Klüver setzen. Anschließend kann ich nur mit Mühe das schlagende Segel an der Reling festlaschen.

Die Höhe dieser Welle ist furchterregend. Wirklich gefährlich ist der Schaumstreifen der Kämme. Dieser hat mit Sicherheit, vor allem rechts im Bild, sechs Meter Höhe.

Danach fahren wir Achterbahn. Alte Seen aus Nord stürzen sich auf die neuen aus dem südlichen Sektor, aus West machen sich gleichfalls welche bemerkbar. Es sieht aus, als ob sich die Seen küßten.

5. Februar – 152. Tag
Logbuch Nr. 2

Nun, ich stehe genau südlich von Tahiti – ist das kein guter Beginn für die erste Seite meines neuen Logbuchs? 2200 Meilen südlich!

Eine kleine Kurve, und in knapp drei Wochen könnte ich in Papeete oder Moorea sein. Von den Inseln brauche ich keine Karte. Zu genau habe ich die Inseln mit ihren Buchten noch im Kopf – von meinen Besuchen vor mehr als 15 Jahren.

Überhaupt die Kurve in die Südsee, habe ich sie im Unterbewußtsein eingeplant? Tief in meinem Kartenfach lagern Seekarten – von Fidschi, Samoa und den Salomonen. Heimlich habe ich sie eingepackt. Auch von Papua-Neuguinea, wo es noch Inseln und Buchten gibt, die zwar schwer anzusteuern sind, dafür aber selten oder überhaupt nicht besucht werden. Wo keiner fragt, was man da will. Warum habe ich sie mit, Detailkarten sogar? Habe ich wirklich daran gedacht, falls ich den Mut verliere, mich dort zu verstecken? Einfach so in einem Inselarchipel, in einer stillen Bucht. Ich kenne zwei wirklich stille Buchten, unbekannt, geschützt bei allen Winden – mit Kokospalmen und Früchten...

Na, lassen wir das.

Obschon: Die Realität sieht grau aus und somit verführerisch für eine Kursänderung. Hagel holt mich aus der Koje. Ich nähe den meterlangen Riß im Klüver. Finger schmerzen von der Nadel und mehr noch von der Kälte. Mein Porridge schmeckt, wärme gleichzeitig meine Hände am heißen Topf. Den Haferflocken füge ich immer Honig und Rosinen hinzu. Sie dürfen keinesfalls zerkochen. Nach dem Frühstück mache ich ein paar Turnübungen am Niedergangsbügel. Das mache ich jetzt täglich, genauso wie Meerwasser trinken. Meerwasser in kleinen Portionen (halbes Glas) ist gesund wegen der Mineralien. Auch versuche ich, soweit möglich, nach der Mittagsposition warm zu essen: Reis, Suppe oder Kartoffeln.

Abends mache ich mir meistens noch eine Speckstulle. Schwarzbrot in Dosen habe ich ja genug. Ich esse zwar immer noch nicht viel – aber regelmäßig, und ich habe das Gefühl, es geht aufwärts. Lasse mich zu einer Hochrechnung hinreißen: 7. Juni – Kiel.

Als störend empfinde ich meinen Bart. Der juckt furchtbar unterm Kinn. Eine Bartflechte. Hatte ich schon mal – früher, in der Handelsschiffahrt. Pudding und Haferflocken lassen sich schlecht essen, in den Haaren bleibt viel hängen. Ausrasieren kann ich den Bart nicht. A. hat mir keinen Rasierer mitgegeben. Könnte damit ein wenig mein zugewachsenes Gesicht öffnen.

8. Februar – 155. Tag
Über Bord

Jetzt erwischt es uns! Kontinuierlicher Barometerfall, gehässiges Wetter. Alle halbe Stunde muß ich pinkeln. In eine Blechbüchse, denn es über Bord zu tun, ist zu gefährlich. Der Druck auf die Blase bezeichnet am besten mein Denken und Fühlen.

Ich denke an A. Nach 154 Seetagen zeigen sich noch Regungen.

Auch nach Karstädt in der DDR zu meinem Bruder Klaus wandern meine Gedanken ununterbrochen. Er, der wohl auch gerne etwas von der Weite der Welt erlebt hätte, repariert als Elektriker Landmaschinen in einem volkseigenen Betrieb. Vor Jahren wollte er sich auch eigene Erlebnisse in der Ferne verschaffen, hat leider nicht geklappt.

Wie muß es schmerzen, von mir Postkarten aus Afrika, Briefe mit exotischen Motiven, frankiert aus Tuvalu, Fidschi oder Papua bekommen zu haben, voll von Abenteuern und Begebenheiten, die nicht käuflich sind. Nach jeder großen Fahrt Bilder und Berichte, ein neues Buch auf den Küchentisch gelegt zu bekommen, und selber nicht mitmachen zu dürfen.

Von dieser Reise hätte er beinahe nichts nachlesen können. Ich bin nämlich gestern über Bord gefallen. Es war 21 Uhr (schreibe diese Zeilen am Tag danach), als ich mit nachlassenden 6 (hatte sich wieder allerhand zusammengeschoben) auf dem Vordeck über Bord gehoben wurde. Das Boot machte einen solch abrupten Satz, daß ich gar nicht mitbekam, wie es genau vor sich ging. Ob ich die

Nächste Doppelseite:
Mit Speck und selbstgebackenen Brötchen versuche ich
Abwechslung in mein Doseneinerlei zu bringen.

Reling berührt habe? Ich glaube, das Boot segelte über eine Welle hinaus. – Jedenfalls fand ich mich in Höhe Achterkante-Cockpit an Backbord im Wasser und wurde mitgeschleift. Glücklicherweise hatte ich die rote Sicherheitsleine um Brust und Taille geknotet. Sie ist vier Meter lang und war am Unterwant karabiniert.

Ganz großes Glück war auch, daß es an Backbord passierte, die Seite, von der die alte See kam, so schob ich mich mit Hilfe einiger Wellen übers Süllbord zurück an Deck.

Schuld an der Misere war vielleicht, daß ich mich zu dick und warm eingepellt hatte. Ich sah nicht nur aus wie eine Roulade, sondern bewegte mich auch so. Der Schreck war größer als die Gefahr. Die Leine – 14 mm dick – hätte wohl nie reißen können. Ich habe mir auch überhaupt nicht wehgetan. Kalt war es. Nur ich war heiß, durch die freudige Erregung, so schnell wieder an Bord gekommen zu sein. Überrascht hat mich meine Muskelkraft.

9. Februar – 156. Tag
Volles Rohr – Super-Etmal

Jetzt mit Try beständige 8 Knoten Fahrt. Die Aries schafft es kaum. Drei- bis viermal Try back, sechs- bis siebenmal die mit einer Reffreihe versehene Sturmfock. Sind mächtige Seen, die da anrollen. Konfus. Die alte (nordwest) küßt die neue (südwest). Wie soll da auch die Aries Herr übers Boot bleiben? Und doch: Sie hat KATHENA NUI ohne mein Zutun wieder auf Kurs gebracht. Mit abnehmendem Sturm, weniger Fahrt (4 bis 5 Knoten), füllt sich die Plicht mehrmals. Bis sie sich leert, dauert es jeweils eine Minute.

Ich denke, meine Entscheidung, Segel stehen zu lassen = 6 bis 8 Knoten Fahrt, ist richtig.
1. Die Wellen treffen KATHENA NUI nur mit 10 Knoten, haben infolgedessen nur noch halbe Schlagkraft.
2. Die Segel ziehen uns förmlich aus den sich überstürzenden Wellenkämmen.

Schlimm, ja vernichtend zeigt sich das Meer, wenn der Wind sich um 90 Grad dreht, häufig hier, und sich dann Kreuzseen bilden. Eben traf uns erneut eine. Ich stand vorm Kartentisch und wurde förmlich gegen die Spüle geschleudert. Dabei katapultierte allerhand durch die Kajüte. Unglaubliche Kraft dahinter. Ich dachte, es zerreißt mir das Boot.

Bis 14 Uhr war ich an Deck. Um das Try zu setzen, brauchte ich eine halbe Stunde. Daß erst alle Rutscher aus der Schiene müssen, macht die Arbeit sehr umständlich und mühsam. Natürlich war ich spät dran damit, es wehte schon in Böen mit 10. Den Rest Groß runterzukriegen, war schon eine Strapaze. Und dann einbinden, ganz fest, Baum mittschiffs holen und sichern, Backstagen festsetzen, Sack aus der Kajüte holen. Dann die acht Rutscher des Try wieder reindrücken in die Freistelle der Nut. Und das dauert ... Aus den Augenwinkeln die See beobachten. Fazit: Finger steif gefroren, unterm Ölzeug heiß und schwitzig.

Wieder unter Deck, fing ich an zu lesen. Was Leichtes, Spannendes: Dornenvögel, ein Buch, das in Australien spielt. Aber nach einer Seite konnte ich mich schon nicht mehr konzentrieren. Nur noch automatisch fuhr mein Blick die Zeilen entlang, denn meine Gedanken waren schon wieder draußen bei der See, bei den Segeln, der Selbststeueranlage, bei Bildern eines leeren Decks, auf dem ich kopflos herumstochere.

Und wieder und wieder der Blick zum Log, durchs Bullauge, zum Luftdruck. Barometersklave schimpfte ich mich. Aber die Unruhe blieb. Ob es wirklich richtig ist, elf Quadratmeter bei beständigen 9 stehen zu lassen, weiß ich nicht. Was mir Auftrieb gibt, ist die Tatsache, daß die Bugspitze nie in die See einschneidet. Ich hab's lange von Deck und durch die vorderen Fenster beobachtet.

Erfolgreich auch noch: 178 Seemeilen Etmal. Nie mit der FAA oder den anderen KATHENAS erreicht.

Ich sitze wieder auf dem Boden, Rücken BB-Koje, Füße abgestemmt gegen die STB-Koje. In der einen Hand eine Cola. Topf mit den Raviolis gerade leer gegessen und weggestellt. Jetzt ist es 20.30 Uhr. Eigentlich bin ich kreuzlahm, aber ich verzögere das Hinlegen. Ist so ein schönes Gefühl, kaputt zu sein und bald Ruhe zu finden. Genieße es noch für eine Weile.

Gedanke: Die Strecke Neuseeland – Kap Hoorn könnte das schönste Seestück werden.

Nächste Doppelseite: Mit gereffter Sturmfock durch die Sturmseen. Segeln südlich des 50. Breitengrades, den „Schreienden Fünfzigern".

12. Februar – 159. Tag
Wind: Mein Soundtrack

KATHENA NUI läuft und läuft. 20 Längengrade in fünf Tagen auf dem 54. Breitengrad.
Heute sind wir auf der Rückseite eines Tiefs. Beide Matratzen werden an Deck zum Trocknen festgelascht, Kleidung, Batterien, Bücher. In meiner Euphorie, die ich immer nach dem Durchzug einer Front verspüre, lege ich auch Kameras und Radios in das Cockpit. Ein Dwarslöper rückt dann alles zurecht. Alles naß.
Eine einsame Szenerie. Ich weiß nicht, ob man den paar Sonnenstrahlen trauen kann. Bevor es wieder aufbrist, krieche ich in meinen Schlafsack: satt und müde.
Nachtrag von gestern: Bin froh, wieder mal davongekommen zu sein. Es heulte nämlich ganz übel. Und die See von den Tagen zuvor stand zusätzlich. Waren schon richtige Pyramiden dabei. Den Wind habe ich gemessen, um mich in meiner Schätzung zu bestätigen. Das kann doch nicht schon wieder so wehen!
Insgesamt segelte ich das Tief ziemlich locker aus. Angst war nicht dabei. Ich vertraue meinem Boot, weiß, was es zu leisten vermag. Und: Ich beherrsche inzwischen den Wechsel zwischen äußerster Anspannung und vollkommener Entspannung. Ich mache mir nicht mehr so viele Gedanken.
Eine Zeitlang fuhr ich volles Risiko. 7 Knoten mit dem gerefften Sturmsegel. Dabei mußte ich allerdings die Aries an der Pinne unterstützen.
Mir helfen drei Dinge: das Hufeisen, das ich an einem Freitag, den 13., auf meinem Grundstück fand; die psychologische Unterstützung meiner Frau; das Kind, das ich mag. Das alles gibt mir unheimlich Auftrieb in kritischen Situationen.

13. Februar – 160. Tag
Verflixte weiße Front

Blick aufs Barometer. 12 mb Druckfall in neun Stunden – die vierte Kaltfront innerhalb von sechs Tagen!

Dabei habe ich heute früh noch Spaß gehabt. Beim Reffen der Sturmfock hatte ich so ein Drücken im Bauch, daß ich mir fast in die Hose gemacht hätte. War deshalb rasend schnell mit dem Reffen. Im nachhinein finde ich die Hast nicht klug, ich konzentrierte mich nicht auf die Arbeit und die Gefahren, sondern nur auf meinen Schließmuskel. Bewegte mich auf dem Vordeck wie ein wildgewordener Tanzbär.

Dieser Durchfall quält mich seit Tagen. Dazu erste Anzeichen von Wolf: Entzündungen zwischen den Zehen und in den Kniekehlen und am rechten Unterarm.

Ich wünsche mir Wärme, Berührung, Zärtlichkeiten, sanfte Blicke. So wechselhaft wie das Wetter mit seinen Fronten, so unterschiedlich meine Stimmung. Ich lebe viele Leben auf diesem Mammuttrip.

Der Mensch ist nicht fürs Alleinsein gemacht. Auch ich nicht. Aber das wußte ich...

Das Schiff mag mich sehr. Nur, letztlich sind alle Dinge an Bord starr, seit unendlich langer Zeit fast nur naß und kalt. Hat ein Boot eine Seele? Manchmal glaube ich es. Wie oft hat KATHENA NUI einen richtigen Kurs gewählt, während ich schlief – ohne mein Zutun. Ich werde dich behalten KATHENA NUI, und nicht wie alle bisherigen Boote gleich nach der Fahrt verkaufen.

Ein echter Irrsinn – meine Fahrt. Land und Menschen, an denen ich fern vorbeisegle, sind es eigentlich wert, besucht zu werden. Tasmanien! Wann komme ich da wieder hin? Neuseeland, Campbell – und Auckland-Inseln? Wenigstens möchte ich das Eis sehen, auf 55 Grad sollte es möglich sein. Möchte ich es wirklich? Es würde mich nervös machen.

Spaß hier unten ist selten. Neulich setzte ich mich auf eine geöffnete Senftube, das war ohne Zweifel lustig. Ich hatte zu lachen. Überhaupt amüsiere ich mich höchstens über eigene Schrulligkeiten.

Die nächste Kaltfront setzt mit heftigem Regen und Wind aus Nordnordwest ein. Die üblichen Handgriffe: Reffen, Festzurren, Wegstauen. Ich mache inzwischen instinktiv, was zu tun ist. Wie man eben viele Dinge nach einer Weile macht, ohne daß sie vom Bewußtsein gesteuert werden. Langes Nachdenken ist nicht gefragt. Und so stehe ich oft tatenlos mal innen, mal außen in der Nähe des Niedergangs. Beherrscht von dem Gefühl, nicht hinsehen

Nächste Doppelseite: Vier aufeinanderfolgende Kaltfronten bauen eine monströse See auf. Unsicher beobachte ich Kurs und Wellen, begleitet vor einem Gefühl, nicht hinsehen und sich trotzdem nicht abwenden zu können.

zu wollen und sich trotzdem nicht abwenden zu können. So kurz aufeinanderfolgende Stürme haben zur Folge, daß sich die See nicht beruhigen kann und förmlich Türme aufeinanderschiebt. Gipfel ohne Namen. In diesen Tagen habe ich mindestens zwei ,,Achttausender" bestiegen. Das schafft nicht mal der beste Bergsteiger. Das ist Segeln und Bergsteigen zugleich. Dieses Gebiet, ein Stück Meer mit der Bezeichnung Schreiende Fünfziger, sehen nur ganz wenige Menschen, genauso wie die Gipfel des Himalajas. Die Kaventsmänner toben mit einer Unwirklichkeit an, als könnten sie die Welt verrücken. Und wenn ich die Seen übers Heck brechen sah, duckte ich mich unwillkürlich, obschon ich in der Kajüte stand.

Als der Sturm auf Westnordwest überholt und Orkanstärke annimmt, bin ich draußen. Doppelt gesichert, um der Aries zu helfen, die es nun nicht mehr schafft, KATHENA NUI auf Kurs zu halten. Die See läuft zu hoch und bricht fortwährend am Schiff. Einmal muß ich gar aufs Vordeck, weil sich das Bindereff in meinem Sturmklüver löste. Gischt, eiskaltes Wasser brennt im Gesicht. Ich habe mich an vieles gewöhnt, nur nicht an die beißende Kälte.

Es bläst fürchterlich, und der Zeiger des Barometers fällt noch konstant 1 mb pro Stunde. Luft dickgrau und voll Dunst. Wenn die entsetzlichen Böen durch das Rigg jagen, ist kein Unterschied zwischen Himmel und Wasser zu sehen. Alles ist weiß, voll Gischt. Es ist ,,phantastisch" – so, wie mit dem Schlitten durch frischen Schnee zu fahren.

Gegen sechs Uhr abends. Ich kann einige Wolken unterscheiden. Der Sturm, jetzt aus Südsüdwest, hat seine größte Kraft verloren. Er weht in Böen von etwa einer halben Stunde mit Zwischenpausen von fünf bis zehn Minuten , in denen die Windstärke bedeutend geringer ist.

Nachts lassen sich einzelne Sterne blicken, die Böen werden schwächer und seltener, und die Luft ist klarer.

14. Februar – 161. Tag
Kranksein kann ich mir nicht leisten

Das habe ich mal wieder gut hingekriegt, das mit der vierten Kaltfront in Folge. Mir ist dabei so, als ob ich Eis rieche. Ich kümmere mich nicht weiter drum, auf der Rückseite eines Tiefs bin ich immer optimistisch.

Lieber wäre mir im Augenblick ein Arzt. Meinem Bauch geht es miserabel: Krämpfe und Schmerzen in der Nierengegend. Helfe mir mit Sprüchen drüber weg: Hungern ist die beste Medizin. Und: Mütter und Einhandsegler werden nicht krank. Oder der Spruch, mit dem ich oft bei Vorträgen auf die Frage nach dem Kranksein an Bord antworte: Ich? Krank unterwegs? Wie soll ich? Hatte doch keinen Krankenschein mit!

Lese, wie üblich (sofern das Wetter es erlaubt), auch heute meine Seite ZEIT – für die Bildung! Ich bekam einen Jahrgang von meinem Freund aus der GEO-Redaktion mit, aber offensichtlich schätzt er die Zeitung nicht, oder er hat zuviel zu tun. Jedenfalls waren die meisten Exemplare nie aufgeschlagen. Er hat auch nichts versäumt. Ich finde, es ist ein schlechter Jahrgang. Oder was hier verhandelt wird, geht mich im Augenblick nichts an. Die Streiks um die Arbeitszeitverkürzung ziehen sich durch viele Ausgaben. 35-Stunden-Woche – bei mir an Bord ist sie gewöhnlich am Mittwochmorgen rum!

17. Februar – 164. Tag
Ferientag

Habe mir von gestern auf heute Urlaub genommen. Tut mir gut. Aber die Meilen ... nur 120, in den Tagen zuvor 157, 136. Nun, für Gejammer ist es jetzt zu spät. Ein Dutzend Meilen verschenkt, dafür ausgeruhte Knochen und Sinne. Die Segelei auf dem 53. Grad geht an die Substanz. Fühle mich ausgelaugt. Zu gerne würde ich mich an meinem Ferientag bedienen lassen: Bitte, mach mir mal einen Tee mit viel Milch.

Dafür kann ich hier tun, was ich will. Laut schreien und singen, mein Essen würzen, wie ich es gerne habe – kein Mensch weit und breit. Wie lange habe ich eigentlich kein Menschengesicht gesehen?

Die See steht hoch. Nur 5 bis 7 all die Tage, aber die See steht unvermindert. Wir purzeln hübsch durch die Gegend. Diese Seen muß man gesehen haben. Aber ich habe mich schon dran gewöhnt. Eben – sind ja mehr oder weniger immer da.

Nächste Doppelseite: Auch in diesem schlimmen Sturm trägt KATHENA NUI *noch 4 qm Tuch.*
Das Speedometer bestimmt die Größe der Segelfläche.
Mehr als 5 Knoten erscheinen mir riskant.

Auf Nordwest rückgedreht. Alles, was Nord oder Nordwest ist, bedeutet Schlechtwetter. Regen, mehr Wind. Nicht immer Sturm, aber annähernd.

Träume furchtbar viel. Vor allem erstaunlich klar. Liegt das an meiner Isolation? Vielleicht an der Kälte – heute um die 3°C in der Kajüte, draußen unwesentlich mehr. Vielleicht an meinen kalten Füßen? Letzte Nacht war Ilse G. dran, meine „Tanker-Liebe", mit der ich 1964 auf einem Handelsschiff fuhr. Ich versuchte, ihr in dem Persenning-Schwimmbecken auf dem 40000-Tonnen-Tanker das Schwimmen beizubringen. Dabei steckte ich einen Finger meiner Hand, die ihren Bauch stützte, in ihren Bauchnabel.

18. Februar – 165. Tag
I am sailing

Der Morgen beginnt herrlich: Röte, Kumulus, leichter Wind. Der Spruch „Morgenrot – Schlechtwetterbot" scheint sich auch heute zu bestätigen. 13 Uhr: erste heftige Regenböen (sechs Liter Wasser für meinen Teekessel). 17 Uhr: Es geht los – mit einer konfusen See! Und das Barometer purzelt.

Später: Wo an Land wird das Leben je wieder so klar sein wie hier? Luftdruck und Log bestimmen mich, bestimmen die zu setzende Segelfläche. Hier hat alles seine unmittelbare Konsequenz, man muß sich für oder gegen etwas entscheiden. Ich habe gelernt. Setze ohne Zögern kleinere Segelfläche. Wichtiger ist, daß das Rigg oben bleibt. Richtig zweifeln tu' ich daran nicht mehr. Die vier „Flachlieger" vor einer Woche haben bewiesen, daß das Rigg unwahrscheinlich robust ist. Kutter und bewegliche Backstagen bei einem 12,75 Meter hohen Mast.

Ich habe ein hervorragendes Schiff. Das gibt mir Sicherheit. Nimmt mir die Angst.

Der Wind, das Meer, mein Boot und ich. Ich erlebe ein ganz neues Segelgefühl. Irre Tage sind dabei. Nie zuvor genoß ich das Alleinsein mit der Natur so intensiv. Ich bin zufrieden mit meinem selbstgewählten Schicksal. Der Wind ist mein Sound. Keine Radiosendung interessiert mich, schon gar nicht höre ich die verdammten Nachrichten. Ich erlebe die Gegenwart, von der Vergangenheit zehre ich nicht mehr. Selbst die Familie ist aus meinem Kopf verschwunden, beschäftigt mich nicht.

Ich singe oft den Song von Rod Stewart. I am sailing – meist auf dem Kajütenboden, weil hier der ruhigste Punkt des Schiffes ist.

Cross the sea – wieder mächtig gesurft, mehr als 12 Knoten, Segeln wie durch Schneegestöber.

Stormy waters – zwei harte Schläge, die KATHENA NUI flachlegen.

To be free – Position nicht berechnet. Zu gefährlich an Deck. Sextant nicht einsetzen, wenn nicht unbedingt notwendig.

Through the darkline – Augen sehr, sehr klein. Wieder eine Nacht, die jeden Knochen spüren läßt.

Home again – noch 1100 Meilen bis zum Kap. Dann Linkskurve, zwei Rechtskurven.

Can you hear me – 5 – 4,5 – 5 – 6 – 4,5 (Knoten), 50, 70, 40 (Grad). Jetzt ist es genau 15.20 Uhr an diesem Tag. Noch so viel Wind zu kriegen. Oh, oh. Schwer, das Boot auf Kurs zu halten. Try zweimal back gewesen, bei 8 Knoten Fahrt, quer zur See. Ein Dwarslöper überschüttet mich an der Pinne. Try runter. Unter Sturmklüver weiter.

I am flying – ist immer eine Krabbelei durch die Luke. Oben durch! Heute genau fünf Hosen an, zwei Hemden, Selbstgestricktes, Faserpelzjacke, Ölzeug, festgebundene Kapuze überm Pudel.

I am sailing – schönes Gefühl, wenn der Sturm nachläßt.

We are sailing – morgen ist Samstag. Da werde ich mir Scones backen.

19. Februar – 166. Tag
Schmacht nach Zigaretten

Ostwind und Flaute. In der hohen Dünung schütteln sich die Segel wie ein nasser Hund. Das „Gebälk" zittert.

Ich habe nun endlich meine Mini-Sturmfock, die ich im Indischen Ozean begonnen habe, fertiggenäht. Die Arbeit habe ich so lange unterbrochen, weil ich meinte, ihre Fertigstellung würde die schweren Stürme heraufziehen. Aberglaube! Als ich fertig bin, rutscht die Barometerkurve in den Keller. Innerhalb von 28 Stunden 26 mb gefallen.

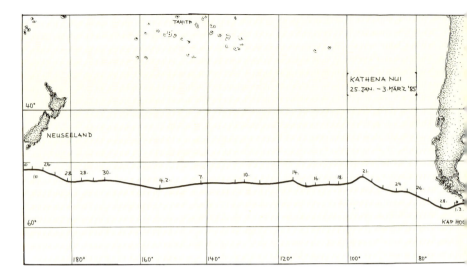

Ich habe Schmacht nach einer Zigarette. Einer selbstgedrehten. Komisch, ich, der nie richtig geraucht hat, vergehe vor Begierde. Mehrmals in letzter Zeit habe ich im Unterbewußtsein Tabak gerollt, sorgfältig angezündet und inhaliert.

Mein bewußtes, konkretes Denken dagegen gilt ausschließlich Kap Hoorn. Noch mal richtig reinklotzen, und dann sind wir rum. – So mache ich auf Mut. Nur im Moment sieht es mit Ostsüdost nicht so zügig aus. Ich brauche Wärme. Die Kajüte unbedingt Lüftung. Die Nässe in meiner „Tropfsteinhöhle" ist schauderhaft. Große Flächen des Sperrholzes sind stockig. Kalt und feucht die Schuhe und Stiefel. Immer kalte Füße. Eine Wärmflasche – ich schreie danach!

21. Februar – 168. Tag
Ein kritischer Sturm

Um 9 Uhr morgens, nach 36 Stunden Sturm und Orkan, bin ich eingeschlafen. Als ich drei Stunden später wach werde, ist es sehr angenehm. Wind und See haben zurückgeschaltet. Weiß nicht, ob das Try zu früh gesetzt ist – See kommt oft verquer.

Bei Unwetter oder schlechtem Kurs kann ich nicht lesen, fühle mich wie tot. Kann mich einfach nicht konzentrieren. Bin dann wahrnehmungslos, leer. Bilder in Zeitschriften angucken schaffe ich gerade noch.

Gestern hatte ich nach langer Zeit mal wieder Angst vor den Angriffen der See. Einige Male lag KATHENA quer zu den Wellen. Harte Ungetüme, die mächtig gegen die Bordwand dröhnten. War so erschöpft, daß ich weder Logbuch, Schreiben noch sonst irgend etwas erledigen konnte. Nach 20 Stunden Wachsein wurde ich mehr und mehr depressiv. Müde. Lebensmüde? Wohl nicht. Aber kampfesmüde. Ganze Zeit im Ölzeug. Muskelschmerzen, Hunger, Durst. Es heulte sagenhaft. Das Meer war mehr weiß als dunkel, so kritisch, daß ich nicht hinaussehen mochte. Was ich sonst bei Stürmen immer noch aushalte. Ich wetterte diesen Südost auf Nordkurs mit der Minifock (1 3/4 qm) ab. Wir machten immer noch 5 und 6 Knoten. Ab und zu wurde der Bug rumgeworfen, dabei wurde nicht nur das Heck, sondern auch das Vorschiff von den schäumenden Wassermassen eingedeckt. Treiben ohne Segel mochte ich nicht. Nein, wenn man schon einen Wolf an den Ohren gepackt hat, ist es gefährlich, festzuhalten, aber noch gefährlicher, loszulassen!

Ich war so in Anspruch genommen, überwiegend vom Steuern an der Pinne, meine Sinne so betäubt vom Wirbel des Geschehens, daß ich einen „Sturz" (den wievielten eigentlich?) nicht erkennen konnte. Wie dramatisch er war, zeigt mir die Kajüte: Eipulver klebt in den Kojen, Pfirsiche und Essensreste verschmieren die Kochecke. Der Fotokoffer flog aus dem geschlossenen Fach über die Steuerbordkoje durch die Kajüte in die Backbordkoje.

Als ich diese Chose sehe, denke ich nur: Ich mag mich nicht, ich mag auch nicht mehr segeln.

22. Februar – 169. Tag
Eiswache – Hundewache

Aprilwetter: Hagel – duster, Sonne – kalt, erheblich kälter – um 3°C. Hände rubbeln. Rheuma plagt mich: im Rückgrat überm Gesäß, an beiden Ellenbogen und am linken Oberarm.

höher, aber im ahmen. Will gerade ein paar einfühlsame Zeilen loslassen, da bricht es mächtig auf (2130 h) – aus SW Wind die alte NW-See steht noch. Und im harter noch den kleinen ausgebaumt. Auch so eine Sache gewesen: Soll ich, soll ich nicht zu Nacht ihn setzen. Ist nämlich stockdunkel. Etwas Ruhe tät mir gut – nach 3 Nächten mit vielen, vielen Unterbrechungen. Dieses schnelle Kentern des Windes; fruchtbar erst Sturm aus N dann innerhalb von 12 Stund. auf SW gedreht. Ja, durch

[Skizze: alte hohe Seen NW; normale Sturmsee W; neue Seen SW; Kathena nui Kurs: 80° v.W.]

diese schnelle Windabnahme hör die See wieder am dampfen. Auch wenn der SW-Sturm länger anhält die NW bleibt stärker und gefährlicher.
Heute anm wieder mein Denken und "Messen" Kap Horn – noch 1800 Meilen.
Kann mich nicht konzentrieren – das Log schlägt bis 11 kn aus und verhart lange bei 9 kn.
Ich werde Ölzeug überziehen und an Deck die Ding beobachten, womöglich geht es noch. Temp. 4°C.

Ich schreibe ausführlich ein Log-Tagebuch.
Damit werde ich Dinge los, die mich beschäftigen.

36 Stunden Sturm – neulich. Nage heute noch dran. Mein Boot packt einiges, ohne Zweifel, aber irgendwann – ich weiß nicht ... Bilder, schreckliche Bilder verfolgen mich, wenn ich daran denke, Bruch zu erleiden.

Morgen ist Samstag, da ziehe ich neue Wäsche an. Schwarzes T-Shirt werde ich anbehalten, kann keinen Schmutz daran finden.

Gehe erneut Eiswache – stündlicher Ausguck am Tage, viertelstündlicher nachts. Ich komme auf zweidutzendmal Ölzeuganpellen.

23. Februar – 170. Tag
Ich flippe aus

Wetter? Es stürmt aus West zu Süd. Mag das schon gar nicht mehr notieren. Daß uns so viele Fronten hintereinander treffen, habe ich bei Gott nicht erwartet.

Wie die Wolkenwände angetrieben kommen, kann sich niemand vorstellen, der es nicht erlebt hat. Kommen daher wie ein von hinten angestrahltes Stück Papier, ganz rasch, sieht phantastisch aus. Weniger schön die häßlichen, begleitenden Mords-Böen.

Habe ich zuviel Tuch stehen? Ich blicke nach achtern. Mit einem Mal schießen wir los – 16 Knoten! Ein Surf, der durchs gesamte Boot dröhnt, wahnsinnig. Das gibt es doch nicht! Schnell bin ich im Ölzeug und zack – gereft. Gut meine Anzeige, deren Skala bis 16 Knoten geht. Ein Surf um 10 bis 12 ist für mich inzwischen normal. Doch 15! Da sauste KATHENA wie durch einen Windkanal.

Achtsamer Willi! Eine Bö warf uns nämlich flach. Sturmklüver stand dabei back.

Ich bewundere KATHENA NUI. Zieht auch mit meinen Fehlern ihre Bahn und scheint für dieses Gebiet geradezu prädestiniert. Eine befriedigende Ruhe überkommt mich bei diesem Gedanken: mein Boot.

Ein Rauschen und Prasseln draußen. Hagelböen. Fock natürlich back, noch bevor ich an Deck bin, stehe bereit im Ölzeug, KATHENA ist auf Kurs.

Die Hagelkörner, groß wie Kiesel, tun auf der Haut weh. Ich esse eine Handvoll, schmecken gut, erfrischend.

24. Februar – 171. Tag
Kindheits Ende

Mein täglich Brot: normaler Sturmtag. Segel knallen wie Kanonenschüsse. 12 bis 14 Knoten Surfpartien. Alles nicht mehr so beeindruckend wie vor Wochen. Man gewöhnt sich schnell an extreme Situationen, nimmt sie als gegeben hin.
 Und deswegen lese ich, ziemlich entspannt, mit der Taschenlampe Karin Struck: *Kindheits Ende*. Denke noch, na, wird ja wieder ruhiger, dann höre ich es auch schon scheppern. Die See übers Heck. Ich liege zum Glück mit Kissen abgepolstert in der Koje. Der Sturz kommt – ganz plötzlich und hart. Ich zapple rum wie ein Fisch ohne Wasser. Weiß nicht, was zuerst zu tun ist. Vorsichtig horche ich zunächst: Das Rigg? Steht es noch? Am liebsten möchte ich den Blick nach draußen aufschieben. Nun, es steht noch alles. Taue und anderes ist als Wuhling erkennbar.
 Aber drinnen zum wiederholten Male Eipulver verschüttet. Werde es jetzt in einer meiner vielen Tupperdosen verstauen. Die gehen nicht auf, auch nicht bei extremen Stößen.
 Ein Wunder ist, daß ich unverletzt bin. Die Nikonos ist aus einem 20 Zentimeter tiefen Schwalbennest von Steuerbord nach Backbord gesegelt. Genau in das entgegengesetzte Fach. Über meinen Kopf mit dem aufgeschlagenen Buch hinweg – ohne, daß ich es bemerkte. Das metallene Gehäuse katapultierte aber nicht direkt hinüber, sondern schlug eine kräftige Delle ins Sperrholz über der Koje.
 Fast mein Ende mit *Kindheits Ende*. Umsonst wäre dann mein Fithalteprogramm für Kap Hoorn gewesen, das ich seit der Datumsgrenze einhalte: warme Mahlzeiten, Gymnastik und hin und wieder ein Ferientag.

Der Fall vor Kap Hoorn

Auch während ich unter Deck bin, beobachte ich durch die vielen Fenster, die rundum im Aufbau angebracht sind, Wind und See. Trotzdem unterläuft mir ein grober Fehler. Vor der Südspitze Amerikas lasse ich zuviel Segel stehen, weil ich hoffe, das legendäre Kap Hoorn noch bei Tageslicht zu erreichen. Prompt überschlägt sich meine KATHENA NUI *beinahe beim Absturz in ein Wellental.*

26. Februar – 173. Tag
Kap Hoorn in Sicht

Mit ein wenig Phantasie kann ich das schon sagen: ,,Kap Hoorn ist in Sicht." Auf meiner englischen Seekarte Nr. 539 sehe ich das Ziel zumindest. Ich habe dabei ein bißchen geschummelt, in dem ich die Karte mit einem Bogen weißen Papiers vergrößerte. Aber immerhin bin ich drauf, und das erfüllt mich mit einer gewissen Befriedigung. Ist doch diese Region für Seeleute die gefährlichste der Erde. Hier, am Südzipfel Südamerikas, erreichen 30 bis 40 Prozent aller Windgeschwindigkeiten Stärke 7 und mehr. Da es meist aus einer Richtung bläst, baut sich über die riesige Weite des Pazifiks eine atemberaubende Dünung auf. Sie stößt dann auf die Enge zwischen dem Hoorn und der Antarktis (500 Meilen südlicher), auf 100 Meter Wassertiefe nach vorher 5000 Metern. Die Höhe der Wellen nimmt durch die Bremswirkung zu, ihre Länge ab. Wenn man dann bei Sturm das Schelf passiert, muß der Kapumrunder mit monströsen Brechern rechnen. Und genau das macht das Hoorn so berühmt und berüchtigt.

Kap Hoorn ist eine winzige schroffe Felseninsel, 406 Meter hoch und an 300 Tagen im Jahr von Regen und Nebel umhüllt. Ihren Namen bekam die Insel 1616 von dem holländischen Seefahrer Willem van Schouten. Er hatte diesen Wasserweg entdeckt und nach seinem Heimathafen Hoorn an der Zuidersee benannt. Kap Hoorn –

auch mit einem o geschrieben – liegt auf 55°58′ Süd und 67°17′ West. Aus dem Seehandbuch habe ich diese Informationen über den Schicksalsfelsen der Seeschiffahrt.

Mein Respekt ist riesengroß – je näher ich komme. Noch bin ich auf 55°15′ Süd und 79°20′ West. Also etwa 430 Seemeilen bis zum Hoorn.

Ich habe vor, Diego Ramirez, einen Felsen 60 Meilen südwest vom Hoorn, südlich zu passieren. Kap Hoorn in Sichtweite – hängt vom Wetter ab – und die nächste Ecke, Isla de los Estados, gleichfalls in Sichtweite. Dann, an der Burwood Bank östlich vorbei zur Ostküste Falklands, dort dicht an den Hafen Port Stanley ran, um eine Nachricht abzuschicken – und mal hören, wo Eisberge treiben.

Augenblicklich kämpfe ich mit meinem Schlafsack. Über Wochen geht das schon so. Das Ding ist ungesund. Unter den Synthetikfasern wird mir so heiß, daß ich befürchte, wenn ich in einer Bö hastig an Deck springen muß, mir eine Lungenentzündung oder Erkältung zu holen. Außerdem verkraftet der Schlafsack die Feuchtigkeit von innen nicht. Ich benutze ihn nun schon als Decke, dann geht die Feuchtigkeit in die Matratze – schon besser. Und da ich mal in der Steuerbordkoje, mal in der Backbordkoje schlafe, „erholen" sich die Matratzen. Gelegentlich kann ich selbst hier unten auch eine an Deck zerren und trocknen.

27. Februar – 174. Tag
Flacher Bogen

Nach Dunst, Niesel, Hagel und richtigem Regen scheint die Sonne. Sie scheint nicht nur, sie brennt – im Windschutz. Ich trockne meine Zwiebeln, es sieht so aus, als ob die Vitaminträger Numero eins bis nach Hause reichten und haltbar blieben.

Die Sonne macht einen flachen Bogen. Nur 40 Grad habe ich heute auf dem Gradbogen des Sextanten zur Kulmination. Ich kann's kaum glauben: Wann hantiere ich so frei und trocken übers Deck – seit Macquarie? Leider aber hat das Hoch ein schwaches Rückgrat. Für meine Begriffe ist das Barometer viel zu schnell gestiegen. Bedeutet, daß sich das gute Wetter nicht hält. Aber wer würde das schon in der gefährlichsten Meeresregion erwarten? Ich bin den ganzen Tag in Bewegung: Wäsche und Kameras sind zum Trocknen an Deck, Segel gecheckt und Nähte nachgenäht, Dirk- und Klüverfall verkürzt, um den Reibungspunkt im Masttopp zu versetzen. Neue Reffbändsel ins Großsegel, weil die alten in den Löchern schamfilt sind – der erste Wechsel. Um Schrauben und Splinte zu prüfen, versuche ich mich Hand über Hand in den Masttopp zu hieven. Meine Kraft reicht aber leider nur bis zur Saling. Nun, dort an den Salingssockeln und -aufhängungen ist alles tadellos. Keine Mutter hatte sich gelöst, kein Bolzen verbogen, kein Splint fehlt. Ich hoffe, weiter oben im Masttopp sieht es genauso aus.

28. Februar – 175. Tag
Ich will das Eis sehen

Ich stehe heute weiter südlich als notwendig. Auf genau 57°42' – ich möchte doch gerne das Eis sehen. Nur aus diesem Grund mache ich den Abstecher. Einmal einen Eisberg erhaschen! Das glitzernde Weiß in der Sonne oder, wie heute bei 6 bis 7, kalt und grau, von Albatrossen umkreist. Mir eigentlich gleich. Nur sehen. Sollten denn alle meine Eiswachen im südlichen Indischen Ozean und die der letzten Wochen umsonst gewesen sein? Ich segle seit Tagen 200 Meilen innerhalb der Treibeisgrenze. Das Wellenbild ist tückisch. Sieht nach starkem Strom aus. Unwahrscheinlich kabbelig.
Turne an Deck rum. Reicht für eine Zirkusnummer. Bin völlig konzentriert: Lese eine Seite, esse Knäckebrot, werfe einen Blick an Deck, blättere in einer Zeitschrift, kontrolliere das Speedometer, schaue in die Seekarte...
Besorgt: wegen Wetter und Navigation. Barometer steht zwar fest, aber das ändert sich hier schnell. Im Nu ziehen ein paar von den pilzförmigen Böen herauf, und los geht's. Ich bin besonders unsicher, wohin ich den Kurs absetzen soll. Südlich oder nördlich an Ramirez vorbei? Seit gestern führe ich eine Liste, in die ich stündlich Kurs, Logstand und Druck eintrage. Das Judge-and-Clerk-Erlebnis wirkt nach.

Sicher und geschützt beobachte ich aus meinem Tipi heraus Wind und Seen. Nur wenn es zu stürmisch wird, muß ich ins Cockpit, um das Boot von Hand zu steuern.

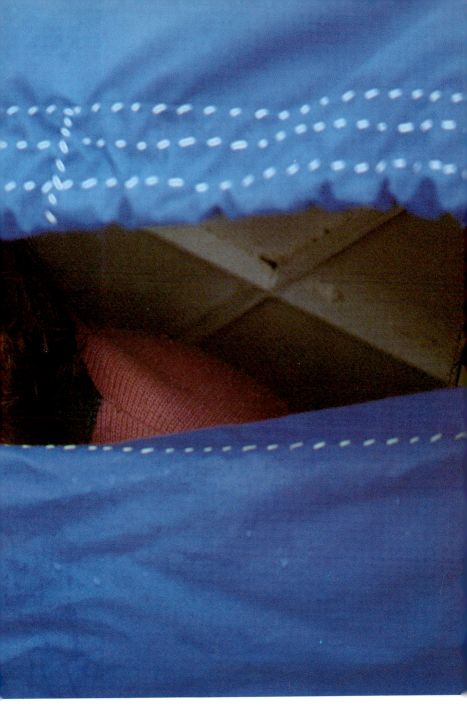

1. März – 176. Tag
Diego Ramirez

Ich bin ziemlich kleinlaut. Nach einer durchwachten Nacht dieser Schlag! Ich kann's nicht beschreiben. Nicht im Augenblick. Die Ohrfeige der See muß ich erst verdauen.
Ramirez erwartete ich um 9 Uhr am Horizont. Nix. 10 Uhr. Nix. Um 11 Uhr stellte ich mich auf den Großbaum, um weiter gucken zu können, aber noch immer nichts. Sollte ich die Insel schon passiert haben, in Süd oder gar in Nord? Der Strom, der doch so deutlich mit mir war, was ist damit? Ich brauche unbedingt einen Standort.
Nervös warte ich auf die Kulmination der Sonne, die zum Glück zwischen den durchziehenden Böen scheint. Da endlich, in dem Augenblick, in dem ich die Sonne schießen will, sichte ich Backbord voraus die Felsenklötze. Ziemlich dicht schon. Im Dunst. Vor Schreck opfere ich eine Winschkurbel. Nicht etwa, weil ich über Deck haste. Nein, sie fällt mir einfach aus der Hand, an Deck, plumps. Ich bin körperlich fix und fertig.
Kann nicht heulen vor Freude. Keine Fotos machen. Bin zu nichts zu bewegen. Ich stehe nur da – für wie lange? – und danke Gott. Ich glaube, ich brummelte vor mich hin: ,,Das ist mein Kap Hoorn." Und: ,,Diego Ramirez". Kannst du dir das vorstellen? Diego Ramirez habe ich! Die südlichste Insel!!!
Während ich die Segel schifte, um Ramirez südlich zu passieren, wäre beinahe der Sextant koppheister gegangen. Etwas, was ich sonst nie mache: beim Navigieren andere Arbeiten erledigen. Ich hatte das Instrument in der Hundekoje abgelegt.
Neugierig messe ich den Westwind – und bin überrascht – so viel! 19 m/s plus 6,5 Knoten Fahrt. Vermute, letzte Nacht hatten wir auch mehr Wind. Man gewöhnt sich an die hohen Windstärken und verschätzt sich daher leicht. Die Haut juckt, alles an mir juckt. Ich fühle mich gepeinigt. Jedesmal, wenn eine Welle das Boot anhebt, krampfe ich zusammen. Die See kommt aus Südwest und Westnordwest. Beängstigend! Flaschengrün und weiß. Der Wind entwickelt sich – Hoornsound!
Um 23 Uhr hat KATHENA NUI das Hoorn definitiv passiert. Das schwache Leuchtfeuer am Kap kann ich nicht erblicken, obgleich

ich angestrengt Ausguck halte. Mann, wäre zu schön, das noch! Nur ein Blink! Wir segeln nach meiner Kopplung in 16 Meilen Entfernung daran vorbei. Es stürmt. Das Deck in den rollenden Bewegungen naß.

Festgeklemmt in der Kochecke, gönne ich mir einen Rum mit Cola. Nur einen, auf mein Boot und mich.

Für A., K. und Freunde fülle ich einige Flaschen mit Kap-Hoorn-Wasser. Alles, was ich euch mitbringen kann. Auch eine für meinen Bruder. Der nicht einmal zu seinem Meer, der Ostsee, uneingeschränkt Zugang hat. Wenn er westlich von Rostock ein Boot wassern würde, hätte er mit Sicherheit Probleme.

Sir Francis errechnete am Kap Hoorn seinen Meilenschnitt mit zwei Stellen hinterm Komma. Bernard pißte sich vor Freude in die Hose, Robin brachte einen Toast auf die Queen aus, und Naomi machte eine Flasche Riesling auf. Meine Reaktion auf Kap Hoorn: Mit einem Fertigteig backe ich zwei Pfannekuchen. Hab' mächtigen Hunger. Wieder ganze Tage nichts in den Bauch gekriegt. Ich bin gerührt, melancholisch, glücklich. Ich möchte mich kratzen – aber all die Hosen.

Auch rührt der Schlag, der Absturz von heute früh, noch in meinem Hirn. Folgendes habe ich auf mein Tonband gesprochen:

Vor einer Stunde hat es uns schwer erwischt. Wahrhaftig. So einen Schlag haben wir bisher nicht mitgekriegt – KATHENA NUI und ich. Nein, ein Hammer, wie ein Molotow aus Wasser. Zweifellos zuviel Tuch stehen gehabt, als es passierte, meine KATHENA sich beinah überschlug beim Absturz in ein Wellental. Ich wollte Kap Hoorn doch noch bei Tageslicht erreichen, deshalb fuhr ich die ganze Nacht etwas zuviel Segel. Der Teufel hat mich dabei geritten. Mir ist ganz schwindlig, ganz kotzig.

Um 4 Uhr in der Früh war ich draußen. Oh, dachte ich, so viel Wind! Das gereffte Groß muß runter. Nicht, daß beständig zu viel Wind wäre, aber die Böen! Nun, ich war eben mit einem Bein in der Hose, da rumst es. Da rumst es. Ein Schlag, nicht zu beschreiben. Die Vorwärtskraft katapultierte mich gegen das Mittschiffsschott. Ja, der Aufprall war so stark, daß der Druck das nur aufgelegte Kajütluk hochschleuderte und der überkommende Brecher ungehindert einströmen konnte. Im Nu war die Kajüte ein kleines

ZAHLEN: Logbuchseite 2

sind doch immer faszinierend

19990 : 175 = 114,2 SM   Schnitt bis zum Hoorn
 249
  740
   400

Wie segelten die anderen : (ab Start Pl. /Plymouth gesec
Naomi : 192 Tage
Bernard: 169   "
Robin : 217   "
Kathena & Ich: 164 Tage

DIE 7 (intensiven) TAG- UND NACHTWACHEN. RESULTAT: FINI

Port Stanley
× 6.3.
Falkland
+ 5.3.
Burwood Bank
Estados
×4.3.
× 3.3.
× 2.3.
Ramirez
× 1.3.   KAP HOORN
× 28.2.

70°W   60°W

Schwimmbad. Ein Chaos um mich herum. Hätte ich wenigstens beim Anziehen die Luke wieder von innen verriegelt!

War das ein Faller! Wir müssen in einem Surf über die Welle hinausgeschossen und dann auf dem Steuerbordbug abgestürzt sein. Das Schiff hat einen Kopfsprung ins Wellental getan. Sonst wäre der Aufprall nicht so hart gewesen. Ein Relingsstützen vorne an Steuerbord ist angebrochen. Nichts hat zusätzlichen Widerstand geboten – kein Segel, keine Schot. Wir sind regelrecht abgestürzt in ein Wellenloch.

Gleich schaute ich über Bord. Nichts eingebeult am Rumpf? Konnte nichts feststellen. An Deck eine mächtige Unordnung. Zum wiederholten Male auf dieser Fahrt die schon verkleinerte Windfahne abgebrochen, beide Umlenkrollen der Selbststeueranlage aus dem Holz gerissen. Alle Taue vom Vordeck sind über Bord. Meine „Nabelschnur" war um den Mast gewickelt – 20 Meter Leine, die ich immer achteraus schleppe. Ich kann nur den Kopf schütteln.

Ohne Öljacke und -hose, auf Socken, brachte ich zunächst das Schiff wieder auf Kurs, denn die Segel waren back. Das Groß hat einen Riß im oberen Bereich. Der Mast – daß der Mast steht, mag ich gar nicht erwähnen. In dieser Schrecksekunde war ich sicher: Jetzt ist er bestimmt über Bord. An Deck dachte ich, o Gott, jetzt ist doch was weg: der Spinnakerbaum. Aber wie kann der fortgespült worden sein? Das ist zu schade. War immer mit zwei Tauen auf Deck befestigt. Ich schüttelte verwundert den Kopf, schaute hoch und: Da war er, eingepickt am Mast; der Klüver war damit ausgebaumt.

Ich hatte eine Menge in der Kajüte zu tun. Konnte nur mit einer Hand arbeiten, mit der anderen mußte ich mich festhalten. Das Wasser – einige hundert Liter – hatte ich zügig mit einer Pütz in die Spüle gekippt, stand ja bis weit über die Bodenbretter. Daß durch so eine kleine Luke so schnell so viel Wasser eindringt!

Logbuch, Seekarten, Küchengeräte schwammen auf dem Boden. Der Deckel vom Teekessel, den ich sonst nur mit Kraft aufziehen kann, abgesprungen. Fest verkeilte Zuckerdosen, Speck, Messer, alles sorgfältigst verstaute Dinge lagen verstreut.

Wieviele Meilen sind es eigentlich noch bis Ramirez? Ich guck' mal aufs Log. Mensch, ist ja ganz verschmiert mit Zwiebelschalen.

Auf dem Kartentisch, an der Decke, alles rot. Blut? Nein, Tabasco, Flasche kaputtgeschlagen.

Alles naß, ich kann nicht mehr. Das Tipi bietet auch keinen Schutz, hängt in Fetzen am Niedergangsbügel. Habe ich in der Nacht doch tatsächlich gedacht, das Schlimmste wäre vorbei. Bei dem festen Quecksilberstand.

Gestürzt, gefallen und davongekommen. Beinahe nicht. Irgendwann werde ich noch von irgendwelchen Gegenständen erschlagen. Diesmal war's der Gußring vom Herd, der Dellen ins Sperrholz schlug. Liegt an den abrupten Bewegungen des Kurzkielers. Bei hoher Fahrt schlägt er zu hart in die Wellentäler.

2. März – 177. Tag
Der Atem Gottes

Die See ist weiß. Wind hart aus West. Der Atem Gottes begleitet mich auch hinter Kap Hoorn. Mit 6 und 7 Knoten zieht KATHENA einen Kurs um 50 Grad. Die Segelfläche, Try auf der Steuerbordseite und gereffter Sturmklüver auf der entgegengesetzten. Das Boot rollt 30 Grad zu jeder Seite. Klar, daß während all der Stunden, wenn nicht ich, so wenigstens meine Ohren draußen sind. Kurz nach Mitternacht gibt es noch mal einen Knockdown, aber ich bin nicht mehr so empfindlich wie eine Seeanemone, die, wenn man sie anpiekt, sich sofort zitternd zusammenrollt.

Beim Frühstück denke ich gar: Was, nur 7? Schönwettersegeln, da muß ich an Deck und ausreffen.

Alsdann bin ich draußen, und da kommt ein Roller von Backbord. Heiliger Strohsack! Ich klammere mich an den Mast – und richtig, er überspült das gesamte Schiff. Gut, daß ich die langschäftigen Gummistiefel trage. Kurz darauf überrascht mich ein Brecher von achtern im Cockpit. Er füllt ganz langsam das gesamte Cockpit und schwemmt über Deck bis Mitte Aufbau. „Das laßt ihr jetzt mal", schreie ich die Wellen an. Meine Strümpfe sind doch naß geworden.

Kap Hoorn liegt achteraus. Das Wetter wird schön. Das Meer wirkt glatt wie gebügelt. Kann ich mich doch endlich wieder ohne Festhalten an Bord bewegen. –

3. März – 178. Tag
Grüße aus dem Heimathafen

Mond und Sterne zum Küssen. Nur, ich komme nicht dran. Nehme mit meinem Boot vorlieb: Rigg, Segel, Aries, Schoten – gehalten, bewährt, vertraut. Ich gebe diesen Dingen all meine Liebe. Ich werde sentimental. Kap Hoorn liegt erst 140 Meilen achteraus, aber vier Stunden Schlaf tun Wunder. Und: ein fester Stand auf dem Barometer. Ich liege in einer Flaute, 50 Seemeilen südlich von Isla de los Estados. Flaute? Eigenartiges Gefühl. Meine ,,Nabelschnur" hängt senkrecht ins Meer. In dieser Ruhe errechne ich mein Durchschnitts-Etmal. 114,3 Seemeilen. Zwischen Macquarie und dem Hoorn habe ich sogar einen Durchschnitt von 125 Seemeilen erreicht. Irrsinnig schnell. KATHENA NUI ist nur 10,5 Meter lang und sechs Tonnen leicht. Bernard habe ich auf der Strecke eine Woche abgenommen. Seine JOSHUA war 12 Meter lang. Selbst Sir Francis mit seiner 16-Meter-GIPSY MOTH hängte ich ab.

Mit der Dämmerung hole ich mein Radio an Deck und bekomme prompt die Erkennungsmelodie von ,,Grüße aus dem Heimathafen", einer Sendung der Deutschen Welle für Seeleute. Der Himmel roséfarben rundum, der Sonnenuntergang verspricht gutes Wetter. Der Empfang gut. Helmut Bellmer von Trans-Ocean wird interviewt. Auch für mich sind Grüße dabei: ,,Einer der Großen der Hochseesegelei". Freut mich, Bellmer ist mir gegenüber sonst eher zurückhaltend. Ich bin hin – diese Abendstimmung und dann diese Nachricht! Eine Viertelstunde später die Krönung: Herbert Fricke, der Moderator der Sendung, ruft Goltoft in Schleswig-Holstein, erzählt von meiner ,,Mammuttour", wie er sagt, und läßt A. Grüße übermitteln. ,,...wünschen dir alles Gute für Kap Hoorn." K. geht es gut. Schwiegermutter ist zu Besuch. Kurz und knapp, wie mein Schatz das so macht!

Ein Gefühl von erzwungenem Verzicht überkommt mich. Bin aufgeregt und freudig überrascht. Danach überstürzen sich für mich die Bedürfnisse, fallen über mich her: Hunger, Liebe, Durst.

Und dann nichts zu trinken! Meine restlichen zwei Flaschen Branntwein liegen tief verstaut unter Tauwerk, Segelsäcken und verschraubten Bodenbrettern.

5. März – 180. Tag
Falklandansteuerung

Sechs Monate auf See! Mein lieber Gott. Was hat mich bewogen, in der Vorbereitungszeit stets zu sagen: Das Alleinsein? Die Einsamkeit? Kein Problem! Damit werde ich fertig. – Besonders bedrückend sind die Stunden in der Dämmerung oder während der Nachtwachen. Szenen aus meinem Leben gehen mir in allen Details durch den Kopf. Banale Themen, zum Beispiel mein Lehrlingslohn: 10,50 wöchentlich im ersten, 11,50 im zweiten und 12,50 Mark im dritten Lehrjahr. Einmal zähle ich alle Essenseinladungen während unserer gemeinsamen Südseereise. Komme auf 88 in drei Jahren.
    Sämtliche Liebschaften meines Lebens suchen mich nachts in der Koje heim. Im Traum.
    Unwirkliches Gefühl. Gerader Horizont. Ohne Festhalten kann ich durch die Kajüte gehen.
    Gehe „Vordeck-Wache". Eingepellt in fünfmal Hosen und sechsmal oben. Strahlende Sterne, Vollmond. Der achte Vollmond! West 2. Kurs: die Ostküste Falklands. Morgen vormittag stehe ich vor Port Stanley. Mit meinem Handfunk will ich mich melden. Mehrmals in der Nacht überlaufen wir auf dem Wasser schlafende Albatrosse. Was die wohl bei dem Krach im Falklandkrieg gemacht haben? Wo auf einmal Raketen, Bomben und andere Geschosse hochgingen. In ihrem Gebiet, wo sonst nur der Wind das Sagen hat. Beschäftigen mich sehr, die Wochen jenes Krieges. Ein eigenartiges Gefühl, jetzt hier ruhig spazierenzusegeln.

6. März – 181. Tag
Port Stanley meldet sich nicht

Morgendämmerung, Stromversetzung. Sichte, wie befürchtet, Falkland viel zu weit westlich. Durchgefroren und unheimlich müde mache ich mich ans Aufkreuzen. Scheiße. Ich fluche. Aber in der Nacht wollte ich der Küste auf keinen Fall zu nahe kommen.
    Leider kein richtiger Wind. Keine Fahrt. Stampfen uns fest in einer shoppy sea. Als ich nach vielen Wenden, weiß gar nicht, wie

das noch geht, auf zehn Meilen an Port Stanley ran bin, setze ich meinen Handfunk in Gang. Oben an Deck stehend, versuche ich Verbindung zu bekommen. Nichts.

Wind weiter mäßig und gegenan. Sehe alles unscharf. Total übermüdet. Alle halbe Stunde rufe ich Port Stanley. Immer noch nichts. Keine Reaktion. Ist doch schon 9 Uhr. Pennen die?

Ein Flieger steuert Port Stanley von Norden an. Mittags stehe ich eine Meile vor den schwarzen rundgeschliffenen Seal Rocks. Deutlich können meine trüben Augen den schwarz-weiß geringelten Leuchtturm an der Hafeneinfahrt erkennen. Nur mit meinem Kontakt wird es nichts. Zum Hafen, der etwas in der Bucht liegt, sind es keine fünf Meilen. Aber ich muß doch...

Aber ich muß mich doch melden! Vor allem nach der wettermäßig schwierigsten Strecke. Verdammter Mist.

In dieser für mich schon ziemlich verzweifelten Situation kommt von achtern ein Frachter auf. Ein Containerschiff. Mein erster Gedanke: Der muß dir helfen. Habe den Funker auch schnell auf meinem Kanal: 16. Er vertröstet mich auf später, möchte zunächst mit Port Stanley sprechen.

Ich falle ab, gehe auf Nordkurs. Richtig Wind kommt auf. Einen weiteren Versuch, Port Stanley zu erreichen, unternehme ich nicht. Die ACT 2 zieht in einer halben Meile an mir vorbei. Ich warte und warte, aber der Funker ruft nicht zurück. Angespannt laure ich am Niedergang mit dem Gerät in der Hand. Als der Frachter fast am Horizont verschwindet, raffe ich mich auf. „Hallo ACT, have you forgotten me?" Er hat mich nicht vergessen. Wir unterhalten uns lange. Daß es der Kapitän ist, mit dem ich spreche, erfahre ich erst am Ende des Gesprächs. Sie kommen von Neuseeland, von Otago-Bay. Und sind haargenau auf meiner Route über den Pazifik gefahren – zwischen 53 und 55 Grad Süd. Er gibt mir gar einige seiner Positionen durch. Eis hat er auch nicht gesehen, meint aber, es „gerochen" zu haben. Er hatte letzten Samstag einen fürchterlichen Sturm: 75 Knoten Wind und 20 Meter hohe Wellen. Spricht sehr leidenschaftlich davon, hat wohl auch ordentlich um sein Schiff gebangt.

Ich erzähle von meinen Erlebnissen. Daß ich noch rund 90 Tage plane bis Kiel. Essen mehr als genug habe, auch Wasser ausrei-

Nachdem ich keinen Kontakt mit Port Stanley bekomme, freue ich mich wahnsinnig, daß das Containerschiff ACT 2 meinen Kurs kreuzt und ein Telegramm an meine Familie schickt.

chend, denn ich brauche nur zwei Liter pro Tag. Ob KATHENA NUI okay ist? „Cable to my wife" – geht in Ordnung. Der Kapitän verabschiedet sich auf deutsch.

Noch 90 Tage, das sagt sich leicht, das lebt sich schwer. ACT 2 ist im Nu voraus verschwunden. Das Land zwei Stunden später achteraus. Ich bin wieder allein. Der einsame Segler. Ich reiße mir eine Dose Bier auf und lasse die paar Stunden Falkland Revue passieren. So plötzlich mit Schiff, Land und Funk konfrontiert, dann Gegenwind: Ich war überfordert. Sieben intensive Nachtwachen – und Tage. Zusätzlich die Nervenanspannung. Bin völlig groggy, ausgebrannt und verschwitzt, lasse die Halbliterdose wirken. Wie

CUNARD GI

ss ACT 2 Zeebrugge, Belgium. 19.3.85.
Ship Date

Dear Mrs. Erdmann,

I hope you received the cable I sent on 7th March. Your husband asked me to send you a telegram to say that he was well, and hoped to be home in about three months. We passed him in his yacht Kathena off the Falkland Islands. He said he was very well, just a little tired. He was very pleased to have contacted a ship, and was going to have a beer to celebrate, he still had a few beers left, he said.

My wife is German, from Donaumünster, on the Donau, in Bavaria, about 8 km from the town of Donauworth. We go there about two or three times each year from England. I will give you my address in England, because I would be very interested to hear when your husband arrives back home. He told me he was the first German to sail single handed around Cape Horn. I don't think I would like to try. We had a terrible storm to the west of Cape Horn, one of the worst storms I have ever seen in 30 years at sea. My ship is 218 metres long, and carries containers from Australia & New Zealand to Belgium, London, Hamburg & Rotterdam.

Cheerio for now.

Tschüss
Michael Thwaite

Captain M. Thwaite,
14 Bradley Rd.,
Swindon SN2 6QB,
England.

Brief des englischen Kapitäns der ACT 2. Man kann sich vorstellen, daß diese Zeilen enthusiastisch aufgenommen wurden. Schon paradox, daß die avisierte Ankunftszeit – 90 Tage – zutraf.

sah eigentlich das Land aus? Im Detail ist nichts im Kopf, nur Steinhaufen. Macht nichts, habe ja Aufnahmen gemacht.

Niemand kann nachfühlen, wie mühsam diese letzten drei Landfälle und das Drumherum waren. Crozet, Macquarie und heute Falkland. Ich habe die Nase voll vom Telegrammeaufgeben!

Der Wind dreht auf Südwest. Weiße Schaumkronen. Ich Glückspilz.

7. März – 182. Tag
Ich werde leichtsinnig

„I am happy" schreie ich aus dem Luk. I am just happy. Hinaus in den steifen Südwester! Ich bin wirklich glücklich. Nach sturmzerfetzten Tagen und – Kap Hoorn geschafft!

Merke in meinem Schweben nicht, daß die See kurz und steil ist und ich längst zu viel Tuch stehen habe. Auf der einen Seite das Groß, auf der anderen den ausgebaumten Klüver. Erst nach zwei gefährlichen Halsen, die das Schiff dröhnen und beben lassen, wird mir bewußt, daß es so nicht geht. Daß ich weiter aufmerksam segeln muß, um anzukommen. In der einen Halse holte der Baum so kraftvoll Schwung, daß der Nockbeschlag verbogen ist und der Mast sich im Fuß verstaucht hat. Mit Holzkeilen und Vorschlaghammer richte ich ihn, denn das knarrende Geräusch war in der Kajüte nicht auszuhalten.

Auf der Weltkarte, die am Mittelschot hängt, verlängere ich mit Filzstiften meinen Kurs um die Kapregion. Gewöhnlich tue ich das jeden Samstag. Von meiner Koje aus kann ich die Karte schön betrachten. Doch noch ein ordentliches Stück bis Kiel! Noch 9000 Meilen stecke ich mit dem Zirkel ab. Die gesamte Länge des Atlantiks liegt erst mal vor mir, von fast 60 Grad Süd bis fast 60 Grad Nord. Ich habe vor, die Azoren an Steuerbord liegenzulassen und nördlich um Fair Island zu segeln. Das wird dann also das nächste Land sein.

Oh, was für ein Tag! Acht Grad Luft, acht Grad Wasser. Bei 15 Grad Wasser werde ich schwimmen gehen. Ausstrecken im Meer. Ich bin auch wahnsinnig neugierig, wie stark der Boden der KATHENA bewachsen ist. Das Speedometer zeigt schon mal aufgrund des Entenmuschelbewuchses weniger an, aber allzu doll kann es nicht sein: mein heutiges Etmal 131.

Abends ist die Flasche Pommery dran. Die, die ich von Giesel für den Gipfel dieser Reise bekam. Auf sein Wohl und auf die Aries, die ich ja auch von ihm geliehen habe. Mir schmeckt es, auch wenn ich das edle Gesöff aus einem Marmeladenglas trinken muß. Meine Trinkgläser sind alle hin, zerbrochen. Nur eine Bagatelle. KATHENA und ich sind nicht zerbrochen. Nach einem Glas bestätige ich mich: ,,Kap Hoorn? Natürlich, das habe ich auch gemacht."

9. März – 184. Tag
Lustlos

Kein Albatros! Ich vermisse ihn, meinen Reisebegleiter der letzten Monate. Der Einzelgänger gehört genauso zu mir wie das Meer. Viele Monate hat er mich begleitet, meistens ohne einen Flügelschlag, dicht überm Wasser, ohne etwas zu fressen. Ich habe ihm Brot, Reis, Kekse hingeworfen. Nie habe ich ihn etwas aufpicken sehen. Er gleitet dahin. Hochmütig. Majestätisch. Wie ein Fabelwesen scheint der Albatros sich vom Wind zu ernähren.

Gestern. Heute. Ich fange Dinge an und beende sie nicht. Dabei habe ich so viel zu tun. An Deck und in der Kajüte. Lustlos stehe ich am Luk und staune: der gerade Horizont. Komisch, nach Wochen Berg und Tal diese Ebene. Weg die elendige Schleuderei zu jeder Seite.

Doch mein Elan ist nach dem Frühstück aufgebraucht. Mattigkeit in den Gliedern. Selbst zu Eintragungen ins Logbuch kann ich mich nicht aufrappeln. Ich haue mich in die Koje. Schlafen. Sich ausschlafen. Maßlos überschlafen.

Atlantik nordwärts

Noch 90 Tage liegen vor mir. Tage, an denen das Alleinsein zum größten Problem wird. Um mich abzulenken und nicht ständig an Wetter, Meilen und Essen zu denken, wird zeitweise Fotografieren zur Aufgabe: So mache ich zum Beispiel Aufnahmen von mir selbst an Bord, während die Kamera mit Fernauslöser im nachgeschleppten Beiboot montiert ist.

11. März – 186. Tag
Drei Monate keine Haarwäsche

13 Grad Wassertemperatur! Am liebsten möchte ich über Bord jumpen, um zu schwimmen. Nur die Angst vor Erkältungen hält mich ab. Mit einigen aufgepützten Eimern Wasser und ,,Saltwater"-Shampoo dusche ich mich wenigstens. Frische Strümpfe, frische Wäsche. Meine Wunden brauchen das. Kurze Zeit kann ich meine Hautausschläge gar in der Sonne und Windstille trocknen.

Sauber und gekämmt verrenke ich mich vorm Spiegel: Über 90 Tage, seit der Südspitze Afrikas, keine Haarwäsche. Die Luft und das Meer waren einfach zu kalt. Das Haar, wie es sich anfühlt – weich, und wie lang mein Bart ist! Nicht so weich, aber strubbelig. Bin ich das noch? Um den Mund herum schneide ich die Barthaare weg.

Ich bin ruhiger geworden. Die Euphorie der Tage nach Falkland hat sich gelegt. Überhaupt ist es still an Bord. Unfaßbar still. Kein Pfeifen des Windes im Rigg. Die Fallen singen nicht mehr ihr Stakkato am Mast. Monatelang schlugen sie unerbittlich an die Aluminiumröhre.

Noch bin ich in den Vierzigern, auf 46 Süd und 47 West, und schon vermisse ich den Soundtrack der Fünfziger. Drei Monate, kann ich sagen, heulte es. Oft über Wochen – ohne Unterbrechung – Wehmut?

12. März – 187. Tag
Regenfänger

Sagenhaft viel Regenwasser aufgefangen. 60 Liter für den Tank. Einige Eimer für die Wäsche und gegen die Stockflecken am Sperrholz in der Kajüte. Ich reinige die Decken, Wände und Fächer. Die Putztücher sind schwarz danach und stinken. Ich werfe sie über Bord, genauso wie ein Bündel Wäsche, das ich gesammelt habe. Alle Teile hatten eigene Stockfleckenmuster.
 Bei den leichten Nordwinden kann ich diese Arbeit gut machen, doch bald klappe ich zusammen. Reaktion auf die Kap-Hoorn-Wochen? Das ist es wohl, was mich augenblicklich so lahm macht. Ich bin über die Anstrengung nicht hinweg.

15. März – 190. Tag
Segel dichter, Segel fieren

Die rotpunktierte äußerste Treibeisgrenze in meiner Seekarte passiert – die Sorge bin ich also los. Seit den Falklands ohnehin nicht konsequent Ausschau nach driftendem Eis gehalten. Warum sollte ich auch, nach all den ,,Mißerfolgen" zuvor.
 Die Temperaturen zu notieren, wird weniger interessant: mittags schon 19 Grad in meiner Höhle. Auch könnte ich schwimmen, nur läßt sich das nicht einrichten. Es schüttelt und stößt uns. Wir haben Nordwind bei Nordostkurs, wie seit Tagen. Abwechselnd, mal schwach, mal stark, vermengt mit Sturmböen. Ich arbeite jetzt wesentlich mehr mit den Segeln. Die Reffs sind schneller raus, andere Segel oben. Entscheide mich schneller zu schiften. Eine Frau zieht eben mehr als hundert Quadratmeter. Ich habe starkes Verlangen, die Sehnsucht nach Zärtlichkeit ist groß. Habe Verständnis für die, die aus Mangel an Liebe verrückt geworden sind. Man verkrampft und denkt: Nur ein Blick, ein paar nette Worte, einmal streicheln – nur sanft kribbeln lassen.

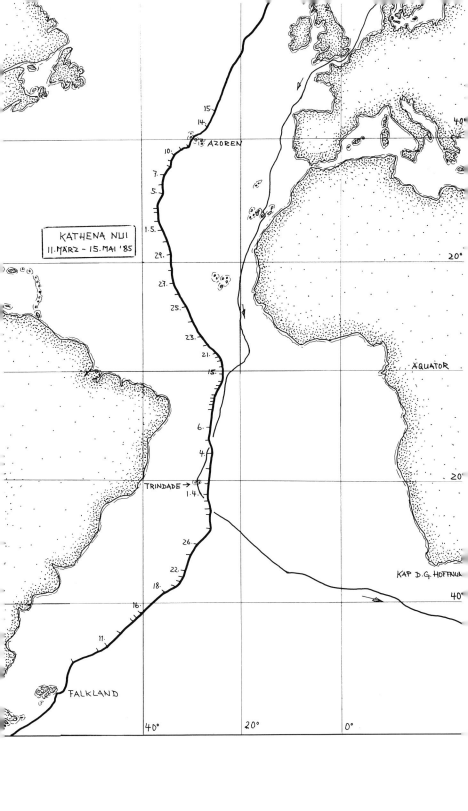

17. März – 192. Tag
Ein bittersüße Liebe

Eine Nacht! Zigmal raus an Deck. Dunkel wie im Bärenarsch. In die Tücher erst eine Reffreihe, und noch eine, und die letzte. Dann schließlich geborgen und eine Stunde später wiederum gesetzt. Die Arbeit macht mir nichts aus. Nur: Warum muß das unhandige Wetter immer häufiger nachts als tagsüber über uns herfallen? Der orkanartige Sturm ist zügig da. Aus Nord, später Nordnordwest. Urplötzlich killen die Segel, verlangen nach mir. Harte Regentropfen knallen nieder, als ich endlich mit Bändsel in der Hand die Segel bändige.

Es ist ein richtiger Sturm. Zwar nach drei Stunden vorüber, aber durch die folgende Winddrehung geht's andersherum weiter. Tief taucht das Heck in die Wellentäler, der Bug kommt hoch und fällt dann voll in die alte Sturmsee. Das scheppert und läßt KATHENA NUI von Schandeck zu Schandeck rollen. Nur schwer kann ich die Bewegungen ausgleichen und Halt finden. Das nervt. Mit Tee, Haferflocken und Brötchen versuche ich mich zu beruhigen.

Vereinzelt kreuzt noch ein Albatros auf. Er erinnert mich daran, daß ich heute den 40. Breitengrad überschritten habe. Mir ist, als hätte ich eine großartige Geliebte verlassen. Für mich waren die Vierziger und Fünfziger überwältigend. Dieser Sound, diese Seen! Ich bin noch immer überwältigt, wenn ich daran denke (wie soll das erst an Land werden?). Diese Wolken, diese Stimmungen – meine eingeschlossen –, die wie das Wetter waren: wechselhaft, sich manchmal innerhalb eines Tages ändernd. Gefordert und geplagt war ich – aber nicht vernichtet. Immer bereit. Jede Möglichkeit abwägend.

Ist es eine sogenannte Haßliebe? Vielleicht stimmt es, wenn man sagt, je mehr einen etwas quält, desto mehr zieht es einen an. Im letzten Drittel wußte ich auch oft besser umzugehen mit meiner „Liebe". Kurz: Ich habe hier und heute angenehme Erinnerungen an die faszinierende Erfahrung des Südmeeres. Ich brauchte diese Erfahrung, möchte sie nicht mehr missen.

Ich weiß jetzt, was Segeln ist. Was es bedeuten kann.

23. März – 198. Tag
Schwimme, wer schwimmen kann

Null Wind und lange Dünung. Wir dümpeln. Gleite ganz langsam übers Heck ins Meer. Mit 18 Grad noch verdammt kühl für meinen ausgemergelten Körper. Aber mit T-Shirt und langer Hose geht es. Tut mir gut – das Schwimmen. Ganz langsam ziehe ich die Arme durch, unendlich genießend. „Schwimme, wer schwimmen kann, und wer zu plump ist, gehe unter." (Schiller – *Die Räuber*).
    Nach dem Frühstück mache ich mich an die Arbeit. Mit Flossen, Taucherbrille und einem Malerspachtel rücke ich dem Unterwasserbewuchs zu Leibe. Läßt sich gut abstechen, ohne daß die Farbe abgeht. So schlimm, wie es auf den ersten Blick aussah, ist es mit den Entenmuscheln doch nicht. Nur im achterlichen Bereich und an exponierten Stellen, wie z.B. am Echolotgeber und an den Abrißkanten von Kiel und Ruderblatt, haben sich die kopfüber wachsenden Tiere festgesetzt. Der Geber vom Log ist total umwuchert – daher hat auch das Speedo zuletzt nur „blinde Kuh" gespielt. Was mich überrascht, ist die Länge der Lebewesen – einige sind über 15 Zentimeter lang. Ich springe noch zweimal mit dem Spachtel ins Wasser und kriege trotzdem nur knapp die Steuerbordseite sauber. Mache es gründlich und wegen der Farbe vorsichtig. Komme aber schnell aus der Puste.
    Zwischendurch blase ich das Schlauchboot auf und schaue meine KATHENA NUI von weitem an. Kommt mir unheimlich groß vor, geradezu riesig. Abends in der Koje riecht meine Haut nach Riff – ich atme tief durch. Es erinnert mich an die vielen Südseeriffe, an denen ich entlanggeschnorchelt bin.

25. März – 200. Tag
Mißweisung im Kopf?

Das typische Roßbreitenwetter seit dem 40. Breitengrad hält an. Böig und umlaufend macht es mich schwach. Ich japse wie ein Hund und fühle mich abgekämpft.
    Mittags greife ich zum Sextanten. Der errechnete Standort macht mir Kopfzerbrechen. Auf meinem Ostnordostkurs bin ich zu weit

westlich – wie schon Tage zuvor. Ich grüble und überlege. Und da endlich begreife ich, was ich seit Tagen falsch gemacht habe und der Strömung anlastete: Ich habe die Mißweisung falsch angebracht! Ich Schussel! Ich, Wilfried Erdmann, mit über hunderttausend Seemeilen auf dem Buckel! Wie kann ich 15 Grad Mißweisung entgegengesetzt berücksichtigen? Anstatt 60 Grad steuerte ich 30. Hundert Meilen habe ich damit vertan. Schlimmer: Ich werde den Südostpassat erst später nutzen können, weil ich die Zone weiter nördlich vorfinden werde. (Muß eine Pause einlegen, mir ist nicht gut.)

Bin überhaupt verwirrt. Neulich, nach einer anstrengenden „Fotosession", als ich das Beiboot zusammenfaltete und wegstaute, warf ich eine Festmacherleine (15 Meter lang) über Bord statt eines Stücks verschlissenen Taus, das ich in der anderen Hand hielt.

Ja, „nobody is perfect" – wie man im Englischen so schön sagt. Trotzdem: Das ist mir alles furchtbar peinlich. Der Stand der Sonne allein hätte genügt, mich eher draufzubringen – auf den richtigen Kurs. Ich muß mich wirklich fragen: Bin ich nicht mehr ganz dabei? Ich komme zu dem Schluß: Meine Überheblichkeit ist schuld. Verbunden mit der Stimmung, die mich seit Falkland begleitet: Jetzt kann mir nichts mehr passieren, diesen Klacks nach Kiel schaffe ich spielend.

Also, Willi – nochmals Konzentration! 200 Tage – kein Mensch hält das mal eben so aus.

27. März – 202. Tag
Das Log surrt

Ein 152-Meilen-Etmal! Wann hatte ich das zuletzt? Noch keinmal, seit der Atlantik mich wieder hat.

Der Himmel, bedeckt mit kleinen Haufenwolken, sieht passatverdächtig aus. Aber jetzt schon – auf 29 Grad Süd? Ich würd' mich freuen und den Mißweisungsmist leichter vergessen. Andererseits wäre eine richtige Flaute auch willkommen. Die Backbordseite unter Wasser ist noch nicht vom Bewuchs befreit.

Wasche die neulich bei Regen eingeweichte Wäsche. Schäme mich, kommt da eine dreckige Brühe raus! Auch die Kleidung, die

Seewasser zum Duschen. Drei Monate konnte ich mich nicht richtig waschen. Die Luft und das Meer waren zu kalt, und ich leide immer noch unter Hautausschlägen.

Mein Unterwasserschiff wurde mit Weich-Antifouling gestrichen, einer extra für mich angerührten Schutzfarbe.
Die Mühe der Firma hat sich gelohnt. Entenmuscheln und Seepocken setzten sich nämlich nur am Heck fest.

ich nicht mehr unterwegs benötige, wasche ich vor, damit A. beim Einräumen in die Maschine nicht ohnmächtig wird.

Bei prächtigstem Wetter trockne ich auch die allerletzten Seekarten, die in der südlichen Feuchtigkeitszone naß geworden sind. Verträumt präge ich sie mir noch mal ein. Antarktisches Eis, passé? Hm. Obschon die Seen... Hab sie heute wieder gesehen, als ich rücklings auf der Koje lag. Ja, die Seen des südlichen Ozeans möchte ich noch einmal erleben. Wahnsinnig erschienen sie mir, von blendender Brillanz im Gegenlicht oder von finsterer Großartigkeit in der Düsternis der schweren Wolken, die fast immer auf dem Horizont lagen. Bilder habe ich im Kopf, die ich vermutlich nie mehr los werde. Wie Pythons, die mich fressen wollten, kamen einige überstürzende Wellenkämme an – weiße Fronten wie Schneelawinen. Und wie KATHENA NUI mit hoher Fahrt in die schäumende See gedrückt wurde – ein, zwei Handbreit unterm Schandeck über die gesamte Länge. Wenn ich das erst meinen Freunden erzähle – in Kiel bei Schippy im Keller oder in Cuxhaven im Verein!

1. April – 207. Tag
Kreuze Ausgangskurs

Heiß, oh, oh, 34 Grad in der Kajüte. Gegen Kälte kann man sich normalerweise schützen, aber gegen Hitze! Dazu hole ich mir beim Ausbessern der Segel und der Fallen einen ordentlichen Sonnenbrand.

Mein rechtes Ohr macht mir Sorgen. Es ist, seit ich getaucht bin, verstopft. Könnte es sein, daß ein Stück von den abgekratzten Entenmuscheln hineingelangt ist? Ich pule mit Wattestäbchen, bringe dabei auch allerhand klebrige Schmiere raus. Nur: Der dumpfe Hörton bleibt. Das gurgelnde Geräusch an der Bordwand und den Wind höre ich weniger stark. Seit heute morgen begleitet mich der Passat. Genau an der Stelle (22 Süd und 27 West), wo ich meinen Ausgangskurs kreuze, ist er eingetroffen. Ist das doch meine dritte komplette Weltumseglung! Auf dem Hinweg war ich hier am 58. Tag. Für 16750 Seemeilen benötigte ich 149 Tage und erreichte einen Schnitt von 112,4 Meilen pro Tag.

Ich bin zufrieden und kann vor Aufregung und Freude nicht in den Schlaf kommen.

3. April – 209. Tag
Das ist Passatsegeln

Ich stehe am Kartentisch in 45–50 Grad Stellung. Bei diesem Ostwind auf Nordnordostkurs hopsen wir förmlich durch Tag und Nacht ... 161 Seemeilen. Gischt sprüht übers ganze Deck und hoch bis an die Saling. Einfach fantastisch dieses Passatsegeln. Unheimlich lebendig durcheilen wir das Meer. Das Unangenehme dabei: eine klebrige Schwitze auf dem Körper.

Frischtluftzufuhr fällt mangels Lüfter aus, denn durch den einen bekam ich vergangene Nacht ein richtiges Duschbad in die Koje. Das war nicht weiter tragisch, doch in der Früh gab's zwei zusätzliche Dämpfer: meine Fotokamera total naß geworden. Als ich sie mit Süßwasser gesäubert und trocken hatte und wieder damit an Deck erschien, erwischte eine weitere Gischt die Kamera. Dabei ging ich mit viel Elan an die Fotografiererei. Das gute Morgenlicht wollte ich ausnutzen. Nun, wieder nichts. Im Passat bleibt nicht viel zu tun, wenn die Segel einmal getrimmt sind und die Aries eingestellt ist. Ich verhole mich in die Koje, blättere in meinen eigenen Büchern. Allerdings nach unendlich langer Zeit mal wieder. Das putscht mich

Mit einem Malerspachtel, Flossen und Taucherbrille rücke ich den kopfüber wachsenden Tieren zu Leibe. Einige sind bis zu 12 cm lang.

auf. Daß ich mir die Mühe mit den Bildern und mehr noch mit dem Schreiben gemacht habe, hat sich gelohnt. Viele Erlebnisse wären sonst längst vergessen, Landschaftsbilder verblichen. Überhaupt die letzte Fahrt, die Südsee-Segelreise: toll, toll ... Ungewöhnliche Route. Solides Boot. Anmutige Frau. Lebhaftes Kind.

7. April – 213. Tag
Osterspaziergang

Phantastische, stimmungsvolle Nacht mit viel Bewegung für mich. Ostereier habe ich nicht gefunden. Auch einen Osterspaziergang brauche ich nicht zu machen. Oft genug muß ich aufs Vordeck flitzen, in den Böen den Klüver bergen und dann wieder setzen. Die Anzeichen, Böen aus verschiedenen Richtungen, deuten auf Passatende, unglaublich auf 8 Grad Süd.

Eine Flaute nutze ich zum Trocknen meines „Leseproviants". Die Bücher haben in der feuchten Kajüte sehr gelitten.

Lese seit langem wieder ein Buch mit Freude und Interesse: *Der Azteke*, ein Wälzer mit 860 engbeschriebenen Seiten. Wie schaffen die Leute an Land solche Bücher? Die Lesestille, manchmal kommt sie mir seltsam, unwirklich vor, auch bedrückend, begleitet von Gedanken, die mir Gänsehaut hervorrufen. Alleinsein kann auch weh tun – schmerzen. Ich denke an die Gespräche mit den Funkern von ACT 2 und Macquarie. Wie die Funkerin wohl aussah? Blond? Bestimmt sympathisch. Hätte sie mehr fragen sollen, ich war nur furchtbar müde und hatte große Angst vor dem nahen Land.

9. April – 215. Tag
Das Segelhandbuch

Was ist bloß los mit dem Wetter? Auf 8 Grad Süd haben wahrhaftig die Doldrums eingesetzt. Blättere im 1899er Segelhandbuch: „Es wird empfohlen, die Linie (Äquator) in 26 Grad bis 29 Grad westlicher Länge zu schneiden. Der östliche Schnittpunkt empfiehlt sich für die Monate Februar, März und April. In diesen Monaten werden die Schiffe zwischen 10 Grad Süd und der Linie oft von Windstillen aufgehalten, und zwar vornehmlich, wenn sie sehr westlich stehen."

Weit westlich stehe ich. Nun ja, mit den Windstillen, das habe ich nicht so gewissenhaft gelesen. Schuld an der ganzen Misere ist der Fehler, der mir vor Wochen mit der Mißweisung unterlaufen ist. Dadurch kam ich nicht so weit östlich wie gewünscht.

In den leichten Böen fotografiere ich mich selbst an Bord – segelnd –, wobei die Kamera mit Fernauslöser im Schlauchboot montiert ist. Muß selbst über diesen Einfall lachen. Das sieht so leicht und locker aus, ist aber viel Mühe. Zunächst Beiboot aufpumpen, Stativ befestigen, Kamera montieren. Und da ich mit verschiedenen Objektiven und Blenden arbeite, dauert das den ganzen Vormittag.

An solchen Fotografieraufwand dachte ich in den kalten Breiten nicht. Da war viel Überwindung dabei, die Kamera überhaupt aus dem Schapp zu nehmen.

Nächste Doppelseite: Vom Beiboot aus fotografiert: Langes und entmutigendes Warten auf den Wind in den Doldrums.

15. April – 221. Tag
Geburtstag in den Doldrums

Mein Geschenk zum 45. Geburtstag: bedeckter Himmel, angenehme Temperaturen, ein Hauch aus Nordwest. Also kein Dümpeln mit schlagenden Segeln und knarrendem Baum. Zum Mittag koche ich Reis mit Gehacktem (A.s Eingemachtes), vermischt mit Zwiebeln, Knoblauch, Rosinen und Curry. Schmeckt gut. Liegt auch daran, daß ich zwei Tage ohne richtiges Essen bin. Es war einfach zu heiß, um Hunger zu kriegen. Nach dem Essen sitze ich nackt im Cockpit. Fühlt sich gut an, das verlegte Teak. Mir gefällt das Holz sehr – mehr noch, es gibt mir guten Halt bei rauhem Wetter.

Mit drei Tassen Kaffee „begieße" ich meinen Geburtstag und mache eine Generalinspektion meiner selbst: Für 45 noch ganz proper, durchweg gebräunt, sehnig, kaum Fett, paar graue Haare im Bart. Beine: ein bißchen kurz. Geschlecht: o.k. Bauch: keine Beschwerden. Rückgrat: schmerzt oft, vermutlich Rheuma. Oberkörper: o.k. Oberarm links: vermutlich Rheuma. Augen: gut. Nase: sehr gut. Haare: noch ziemlich dicht. Seele: Verlangen ist groß; Gesellschaft möchte ich haben, und wenn's nur ein Huhn wäre. Geist: War letzte Reise besser. Fazit: Alleinsein ist schwer.

16. April – 222. Tag
Die Linie auf 24 Grad West

Schweiß, Arbeit. Nachtwachen. Segelgeschlage. Der achte Tag mit Windstille oder leicht umlaufendem Wind. Kein Vorankommen. Wird langsam langweilig.

Selbst die sternenklare Nacht mit dem Großen Bären an Steuerbord und Wetterleuchten bringt keine Abwechslung. Daß wir endlich um 21 Uhr die Linie passieren, beschäftigt mich. Jetzt geht es endgültig abwärts! Irgendwie hatte ich in diesen Tagen das Gefühl, einen Bergrücken erklimmen zu müssen.

Kampf bei 35 Grad und mehr noch in der Kajüte. Ich glaube, man lebt bewußter bei Kälte. Die Reize gehen bis in die Nervenenden. Jetzt bei der Hitze scheinen sie taub zu sein. So schön die

Wärme im Moment sein mag, sie lähmt meine Empfindsamkeit. Mir fällt nichts ein. Ich habe zu nichts Lust. Nachdenken fällt aus, hat hitzefrei. Ich kann auch nicht vor der Hitze flüchten, das Meer, Boot, Wolken und Sterne sind mir gleichgültig. In der Kälte war das anders. Ich zog mich warm an, nahm die Wärme mit nach draußen und genoß die Natur – das Segeln.

21. April – 227. Tag
Fliegende Fische

Puh. Die See leicht weiß. Gischt bis zur Aries. Fliegende Fische in Massen an Deck. Ein 20 Zentimeter langer landet gar in der Plicht. Ich kann die silbrigen Fische leider nicht braten, da ich allergisch gegen alle Meerestiere bin.

Neues Segelgefühl. Bei steifem Nordnordost und ordentlich Schräglage. Na, soll ruhig stöben, der Passat. Lange genug in den Doldrums getrieben.

Viermal habe ich nun auf dem Atlantik den Äquator überquert. Dies war die mühevollste Überquerung.

Alle meine „Büchermitsegler" haben den Südostpassat bis zum Äquator gehabt. Mir unverständlich, daß ich ab 8 Grad Süd mit umlaufenden Winden und langanhaltenden Windstillen zu kämpfen hatte. Ich habe wirklich gekämpft. Es wird nämlich Zeit, daß ich die Fahrt beende. Meine Kraft läßt rapide nach (hatte vor kurzem Mühe, in die Saling zu kommen), auch mein Bedarf an Alleinsein ist vollauf gedeckt. Ich ertappe mich mehr und mehr bei Selbstgesprächen. Gestern ging ich an Deck, also in das Cockpit, ballte die Hand zur Faust und schrie mit aller Kraft dreimal: Scheiße! Danach wunderte ich mich: Was soll das? Machte beschämt einen Rundblick: Nicht, daß gerade ein Fischerboot in unmittelbarer Nähe ist und mich für verrückt hält.

28. April – 234. Tag
Im Nordostpassat

Ich habe vier Taschenlampen an Bord. Drei davon repariere ich heute. Ein so erfolgreicher „Techniker" war ich lange nicht mehr.

Nächste Doppelseite: Dümpeln, und im Rigg
Segelschlagen, Knarren, Zerren. Die Doldrums entpuppen sich
diesmal als besonders hartnäckig.

Nach dieser „Anstrengung" liege ich im Windschutz des Tipi, sonne mich und lausche dem gleichmäßigen Passat und dem Rhythmus der See, die wir zerschneiden und in hohen Gischtfontänen wegdrücken. Gischt wirkt auf mich belebend. Manchmal wird sie in Lee fünf bis sechs Meter geschleudert. Im Sonnenlicht sieht es aus wie zigtausend Perlen.

Noch etwas: Habe wohl meine beste Woche hinter mir – 1106 Seemeilen!

Über die Deutsche Welle höre ich von Eis und Schnee in der Heimat. Offenbar ein langer Winter. Mann, wann sollen denn da meine Tomaten reifen?

3. Mai – 239. Tag
Portugiesische Galeeren

Das war's mit dem Passat, dem letzten stetigen Wind auf diesem Törn. Auf 28 Nord und 37 West hat er uns Null Komma nichts stehen lassen. Wir sind umgeben von portugiesischen Galeeren, einer Quallenart, die mit einer luftgefüllten Schwimmblase übers Meer segelt. Ich trinke ein Glas portugiesischen Rosé auf A.s Geburtstag. Er wirkt sofort, weil ich seit Wochen keinen Alkohol getrunken habe. Und ich bin schwächer geworden. Ich spüre alle Knochen im Leibe, die Augen brennen, Lippen und Mund voller Geschwüre. Haarausfall. Bleierne Müdigkeit und Konzentrationsprobleme.

Anläßlich der Viertel-Tonner-Segel-Weltmeisterschaft letztes Jahr in Kiel konnte ich beobachten, wie einige Crews nach dem Törn um Bornholm völlig groggy an Land stiegen. Und das nach 220 Meilen. Da hab ich wohl ein Anrecht, kaputt zu sein. Es ist wie bei einem schweren Straßenradrennen. Die letzten Kilometer sind die schwersten, die mühevollsten, die meistens das Rennen entscheiden.

Ich habe keine Lust zum Lesen, Kochen, Schreiben, überhaupt zu irgendeiner Tätigkeit. Kann auch keine großen Tagträume bewältigen. Am liebsten sitze ich im Cockpit und schaue ins Kielwasser oder in die aufsprühende Gischt.

6. Mai – 242. Tag
Sargasso-Meer

Ein schöner Traum: Ich mähe mit der Sense Gras hinter unserem Haus. Als ich fertig bin, sagt A.: „Du mußt weitermähen." Wahrhaftig, hinter mir war das Gras bereits wieder kniehoch.
 Überhaupt mal wieder mein Tag. Ein 103er Etmal. Leichte Kumulus, Sargassofelder, und die Segel ziehen bei Ostwind. Ich mache mir eine Büchse Bohnensuppe auf, mein Mittagessen. Aber aus der Dose kommt nur ein unappetitliches Zeug. Ich falle bald um. Meine Aversion kommt bestimmt nicht vom Doseneinerlei. Ist wirklich Mist drin.
 Danach sitze ich im Cockpit und genieße das Arbeiten der KATHENA NUI. 242 Tage ununterbrochen in Bewegung, kein gravierender Verschleiß feststellbar, wo sie doch in den langen Mallungen wirklich hart rangenommen wurde. Dreißigmal dümpelte sie in der Minute von einer Seite zur anderen. Das beansprucht die Takelage wesentlich mehr als hartes Segeln bei gleichmäßigem Wind. Nur die harten Sturmtage im Südmeer waren schlimmer.
 Da bin ich wieder bei meinem Lieblingsthema Südmeer. Obwohl gleich grau und geräuschvoll, war es *das* Erlebnis, besonders zwischen Macquarie und dem Hoorn. Diese intensive Lebensstimmung wird sich für mich nicht wiederholen. Da brauchte ich keine Musik, da waren nur der Wind, das Meer und ich. Ich glaube, ich kann einige Zeit davon zehren: Im Garten unterm Apfelbaum sitzen und an das weiß-grau-blaue Meer zurückdenken, ein durchdringendes Gefühl der Wehmut und ein wenig auch Sehnsucht empfinden.
 Ich bemerke, daß ich ausgeglichener bin. Augenblicklich regt mich nichts auf: Fällt mein bester Schraubenzieher über Bord oder kommt ein Fall von oben, ob Dünung und Flaute – nichts bringt mich aus der Fassung. Macht doch nichts, das kriegen wir wieder hin. Bin auch optimistisch, als die Elektrik für meine Positionslichter ausfällt. Mein Denken ist ausschließlich positiv. Was mir wirklich Sorgen macht, sind meine häufigen Selbstgespräche.
 Ich grüble über meinem nächsten Buch. Außer Fotografieren tue ich jedoch nicht viel dafür. Daran denken ist ja auch schon was.

*Eine Selbstaufnahme. Die Kamera ist mit Fernauslöser im nachgeschleppten Beiboot montiert.
Das sieht leicht und locker aus, ist aber viel Mühe.*

Ich möchte keinen Text unter dem Motto: Selbstverwirklichung oder Lebensnotwendigkeit. Möchte mich schon gar nicht leidend zeigen, zumindest nicht so oft, wie ich es wirklich war. Rückblicke an A. und K. nicht zu zimperlich, denn das bin ich nicht, bin viel zu eigensinnig, und das soll auch durchschimmern. Der Bericht soll frei sein, direkt, realistisch, spannend und amüsant (nicht einfach, weil es häufig wenig amüsant war). Die Leser mit hineinziehen, die Leere spüren lassen, aber auch die Fülle solcher Fahrt.

Ach, mir schwebt'ne ganze Menge vor. Wie so oft. Hoffentlich kann ich einen ordentlichen Teil davon umsetzen.

11. Mai – 247. Tag
Ich fahr mit Barbara nach Afrika

Ein Wahnsinn, dieser Müll: Nie ist mir das während der anderen Fahrten im Nordatlantik so aufgefallen. Seit Tagen schieben wir kaputte Plastikeimer, Styropor, Perlontaue, Plastikflaschen, Teerklumpen, mit Muscheln bewachsen, und Holzkisten beiseite.

Die ganze letzte Woche war nicht viel los an Deck. Leichte Winde aus allen Richtungen, fester Barometerstand (hat übrigens für mich seinen Wert verloren). Heute nun frischt es endlich auf. Nur: Aus der verkehrten Richtung. Schietkram. Echt, denn ich möchte gerne die bewohnte Küste der Azoreninsel Flores sehen, die genau 68 Meilen in Windrichtung liegt.
Ein Schlager will mir nicht aus dem Kopf: „Ich fahr mit Barbara nach Afrika." Hörte ihn gestern im Deutschlandfunk, diesen Hit des Jahres 1947. Schon optimistisch, damals so einen Text vorzutragen.

12. Mai – 248. Tag
„Held für einen Tag"

Heute bin ich in einer Mir-ist-alles-egal-Stimmung. Gut, die Azoren habe ich auch bei meiner dritten Durchquerung nicht gesehen. Ich kreuze bei hoher See und leichtem Nordost zwischen Flores und Fayal. Vermutlich nicht lange, am Himmel zeigen sich Cirrus fibratus. Schön anzuschauen, nur bedeuten sie auch Wetterverschlechterung.

Ein längeres Gespräch im Radio zwischen Herbert Fricke vom NDR und Helmut Hörmann macht mich an. Beide kenne ich, und das Gespräch findet in der Südsee statt – an Bord eines Segelbootes vor Moorea. Sicher saßen sie dort an Deck in geblümten Hemden, Flip-Flops an den Füßen, Blick auf die Lagune und in den Händen einen kühlen Drink. Und ich ... ich hocke auf der Plichtgräting in stinkigem Faserpelz mit einer aufgewärmten Dose Ravioli in der Hand – igitt. Bin ziemlich down nach der Sendung. ,,Held für einen Tag" bin ich hinterher – und dann: Alltag. Und die: Hörmann und Co. sind in der Cooks Bay oder irgendwelchen Lagunen, jeden Tag obenauf, frei und schon vom Klima her freudiger gestimmt. Dabei hätte ich auch dort leben können. Wer hat mir nur diesen verdammten Ehrgeiz eingebleut, alles Begonnene auch beenden zu müssen? Ich könnte heulen und denke daran, wie ich mit dem zweiten Logbuchbeginn genau südlich von Tahiti kurz mit dem Gedanken spielte, die Segel zu schiften und einen neuen Kurs ...

Die Raviolis mag ich nicht mehr.

,,Held für einen Tag" – warum bewegt mich gerade nach der Sendung dieser Satz? Weil die Fahrtensegler, die jahrelang in der Südsee von Insel zu Insel kreuzen, es einigermaßen richtig machen. Zum Heldsein suche ich mir Deutschland aus, wo man alles erklären muß, was mit ungewöhnlicher Seefahrt zu tun hat. In England versteht jeder Tankwart etwas davon. Hierzulande ist auf dem Gebiet überall Oggersheim.

Ganz tief in mir habe ich Angst vor den Tagen nach der Ankunft. Es ist schlimm, wahrscheinlich, weil es nicht die solide Angst ist, die ich an Bord manchmal habe und vor allem hatte. Mein Gott, wie fühlte ich mich nach Falkland großartig, glücklich und gestärkt. Und jetzt? Noch bevor ich an Land bin, beginnt es zu bröckeln. Ich kenne die ersten Fragen: Wann geht es wieder los? Wieviel Wasser? Wird sich die Fahrt amortisieren? Nonstop durch den Panama-Kanal?

Ich gieße mir erst mal einen Liter Tee auf. Schwarz ohne Zucker, das beruhigt. Das berauscht.

14. Mai – 250. Tag
Ein Schiff: CGM PROVENCE

Verdammt, um Mitternacht noch mehr Winddrehung gen Nord. Gefällt mir nicht. Es war so eine schöne Fahrt im Boot. Überhaupt, gestern nachmittag ein Traum von Segeln: Um 7 Knoten! Kein Spritzwasser an Deck. Raumer Kurs unter Genua und Groß mit einem Reff. Einfach schön und einprägsam.

Sichte ein Schiff mit Englischem-Kanal-Kurs. Versuche es mehrmals auf Kanal 16 und 6 zu erreichen. Gelingt nicht.

Um 17 Uhr dann, bei einem zufälligen Rundumblick, entdecke ich ein Containerschiff, das auf uns zukommt. Mit hoher Fahrt und schon ziemlich nahe. Ich spreche es an. Der Radiooperator ist prompt da. Es ist die britische CGM PROVENCE auf Savannah-Kurs (USA) und hat jetzt abgedreht, um nach mir zu schauen. Ob

Ein Pottwal südlich der Azoren, der einzige meiner gesamten Fahrt; wie ich überhaupt im Vergleich zu früheren Reisen viel weniger Fische beobachten konnte.

bei mir alles in Ordnung ist? Der Funker fragt gleich, ob er eine Nachricht weiterleiten kann, nachdem ich erzählt habe, daß ich nonstop unterwegs bin und jetzt um die Shetlands nach Kiel will. Er: „Oh, fantastic. Just great." Dem Franzosen Eric Tabarly ist er auch schon auf See begegnet. Sie passieren uns am Heck. „Unsere gesamte Crew ist auf der Brücke." Dann gibt das Schiff dreimal Signalhorn. Das putscht mich unheimlich auf! Wirklich, die Engländer! Freuen sich riesig, daß sie mich getroffen haben. Und ich bin aufgedreht.

Also, das gerade heute, wo ich von den Nachtwachen ziemlich kaputt bin. Die Wettervorhersage gab mir der Funker auch: Wird so bleiben oder so ungefähr, doch das ist für mich Nebensache. Ich verfolge PROVENCE mit den Augen bis zum Horizont, danach laufe ich hier rum wie ein erfolgreicher Gockel: Auf, nieder, zum Heck, zum Vordeck.

Die portugiesische Galeere, eine Quallenart, die mit einer luftgefüllten Schwimmblase übers Meer segelt.

Von Kiel nach Kiel

271 Tage: Immer nur das Zehn-Meter-Deck der KATHENA NUI, *die Segel, der Kompaß, das Barometer. Und die See. Unermeßlich viel See. Abwechslung bringt zum Schluß der Fahrt eine Taube, die mir im Nordatlantik zufliegt und sich für mehrere Tage an Bord einrichtet.*

17. Mai – 253. Tag
Bloß keine Havarie

Mit Riesen-Etmalen, 170, 147, 140, durcheilen wir die äußere Biskaya. Begleitet von einer sechs bis sieben Meter hohen Dünung aus Südwest. Da muß es irgendwo mächtig geweht haben.

Gar nicht komisch finde ich, daß ich auf kein Schiff stoße, dabei kreuze ich die Europa–New-York-Route. Ich halte konsequent Wache, jede Stunde ein Blick. Das macht mich zappelig, denn ich spüre eine innere Unruhe. Bloß keine Havarie. Jetzt zum Ende hin, wo es nur noch gut tausend Meilen sind.

Ich sortiere und befasse mich mit den Seekarten, die ich noch brauche: Harris, Orkney, Dänemark. Rein ins Fach, raus aus dem Fach. Wußte nicht, daß es da oben in Schottland so viele winzige Inseln und Felsen gibt. Und: Soll ich südlich oder nördlich um die Shetlands herum? Viele Fragen beschäftigen mich. Für das Stück nördlich der Hebriden habe ich nicht die richtigen Karten. Leider habe ich zusätzlich kein Seehandbuch von der Ecke. In einem Bohrinsel-Roman lese ich, daß es 7 und 9 Knoten starke Strömungen um die Shetlands geben soll. Und Nebel und viele Fischerboote. Aber die Alternative, Englischer Kanal, nein, den mache ich nicht wieder allein.

20. Mai – 256. Tag
Taube „Schippy"

Mein Wetter. Hübsches britisches Inselwetter. Nebel. Düster, grau nieselig. Mir graut vor der Umrundung der Hebriden und Shetlands. Wenn da ein paar Tage die Sonne nicht scheint, bin ich mit meiner Kulminations-Navigation aufgeschmissen.
 Ein „Mitsegler" hat sich an Bord eingerichtet. Eine blaugraue Taube. Vor drei Tagen ist sie mir zugeflogen. 500 Meilen vom nächsten Land, Irland, entfernt. Sie lebt im Cockpit, frißt ordentlich Reis und macht gelegentlich kurze Ausflüge ums segelnde Boot. Dabei hat sie Probleme, auf dem Heckkorb zu landen. Sie berücksichtigt nicht unsere Geschwindigkeit. „Schippy" habe ich meine Taube getauft, nach einer Freundin, die auch so rund und hübsch ist. Die Beine sind beringt. Rechts: IHU S 23 527. Links: 194.
 „Schippy" ist unheimlich zutraulich. Wenn ich sie rufe, kommt sie angewatschelt, frißt meine Haferfleks aus der Hand und läßt sich streicheln. Nur, daß sie unbedingt in die Kajüte will, gefällt mir nicht. Mir reicht nämlich das vollgeschissene Cockpit. Da ich jedoch den Eindruck habe, daß es ihr draußen zu kalt ist, baue ich einen Käfig aus Karton, und ab geht's in die Hundekoje. Sie stolziert ganz willig hinein und macht auch keinen Spektakel. Still und geduldig übernachtet sie, bis ich sie morgens wieder an Deck lasse.
 Die Nächte sind sagenhaft. So habe ich das Meer noch nie leuchten sehen. Schon fast geisterhaft die Bugwelle und das Kielwasser. Im ersten Augenblick wirkt es erschreckend, so als ob wir aus dem Meer angeleuchtet würden und KATHENA NUI eine weiße Schleppe nachzöge.

23. Mai – 259. Tag
Rockall

In kurzen, harten Seen wird mein Sextant geduscht. Nordoststurm, der mir frontal entgegenkommt. Rockall liegt mir im Weg. Schon komisch: Dieser Felsen, auf dem nicht einmal ein Hubschrauber landen kann, wird mir nach 8000 Meilen freiem Seeraum gefährlich. Ich wettere den Sturm auf Backbordbug mit dreifach gereff-

*Vier Tage bleibt die Brieftaube an Bord.
Sie fühlt sich offenbar wohl, macht nämlich
täglich einige Ausflüge ums Boot herum.*

tem Groß ab und treibe unweigerlich auf Rockall zu. Beim Einbinden der Reffs beißt der Wind ins Gesicht und läßt die Finger kribbeln, ganz wie in alten Zeiten.

Ich bin todunglücklich. Erstens: Schippy ist fort. Gestern, als ich die Cockpitbänke schrubbte, flog meine Taube wie üblich ein paar Runden und drehte dann auf Nimmerwiedersehen ab. Kann schon sein, daß ihr der Käfig für die Nacht nicht behagte.

Zweitens: Ich reite diesen Sturm mit gut einem Knoten Fahrt gegen die unbeherrscht anrollenden Wellen ab. Sie lassen das Boot erschüttern und machen mir das Leben sehr schwer. Womöglich wirft dieses Tief all meine Planungen über den Haufen: Sonntag, den 2. Juni, Ankunft Kieler Förde. Aus diesem Grund laufe ich auch nicht mit raumem Wind ab, denn ich würde zu viele Meilen verlieren. Meilen, die ich mir hart erkämpft habe.

25. Mai – 261. Tag
Noch 990 Meilen

Soll ich die Genua aus dem Sack holen? Nach dem Sturm, der mir zwei schreckensvolle Nächte und Tage bescherte, zögere ich: Die See steht noch, und der Himmel ist voller Cirren, die die Sonne verschleiern. Ist ein weiteres Tief im Anzug? Das gestrige wurde im englischen Rundfunk als orkanartig bezeichnet. Über den Rundfunk erfahre ich von den Tiefs zu spät. Aber ausweichen könnte ich ohnehin nicht.

Bei schlechter Sicht, stechendem Regen und Wind um 5 nähere ich mich den äußeren Hebriden. Halte meine Wachen konsequent ein, warte beim Rundblick, bis die Müdigkeit aus den Augen ist, um Fehler zu vermeiden. Zur Abwechslung hantiere ich wieder mal mit den Zahlen: Noch 70 Meilen bis Kilda, plus 265 bis Fair, plus 670 bis Kiel.

27. Mai – 263. Tag
Sula Sgeir

Auch heute ein fahler Himmel mit Nieselregen und Sturmböen. Nur die vielen Möwen sind einen Anblick wert. Die Lufttemperatur ist auch im Keller: 6°C. Ich friere so vor mich hin. Den von Nässe glänzend roten Ölzeugoverall ziehe ich nicht mehr aus. Ich döse auf dem Kajütboden auf Segeln, die nicht im Sack sind, und halte viertelstündlichen Ausguck.

Flaman Leuchtfeuer (20 Meilen Reichweite) finde ich trotzdem nicht, dafür weiche ich sieben Fischerbooten aus. Es ist auch nur zwei Stunden richtig dunkel. Um 10 Uhr habe ich Sula Sgeir, die erste Insel seit Falkland. Ich segle ganz dicht, also eine Meile daran vorbei. Viele Vögel bevölkern sie, und so sieht sie auch aus, voll mit Vogelmist.

Ich bin erleichtert, habe ich doch seit drei Tagen keine Sonne gesehen, gleichbedeutend mit keine Standortbestimmung. Vier Stunden später habe ich Rona, eine grüne Insel, die sich ausgestreckt ins Meer räkelt. In der Nacht, immer noch nieselig, halte ich bei Nordwest 5 auf die Südküste Shetlands zu, 75 Meilen entfernt.

28. Mai – 264. Tag
Fair Island

Die Insel, die ich bei der Ausreise runden wollte, habe ich endlich um 15.30 Uhr achteraus. Mann, war das ein Kraftakt! Nieselregen und Schiffe, wechselnde Winde und Strömungen, die rissen uns bei Stromkenterungen mal nach Süd, mal nach Nord. Wirbel, die mir Furcht machten. Schließlich bin ich motorlos, und auf den Wind war kein Verlaß.

Am Morgen stand ich gebeugt über der Seekarte und konnte keine Peilung anbringen, so klein waren meine Augen. Ich sah auch Land und Leuchtfeuer, wo keine waren. Und jeden Gedanken äußerte ich laut: ,,So müde war ich nie" oder ,,Mein Gott, ist mir kalt" oder ,,Ich bin ja ein Graubart". Das war, als ich mich umzog und versehentlich in den Spiegel lugte. Veränderungen zeichneten sich scharf ab, hager und dunkle Falten unter den Augen. Irgendwie erschien ich mir älter als sonst. Die Strapazen der Shetland-Passage sind deutlich erkennbar.

Meine Eintragungen ins Logbuch sind nur so hingekritzelt. Nicht mal das gängige Wort ›Luv‹ habe ich richtig geschrieben. Da hätten mir leicht auch andere Fehler passieren können.

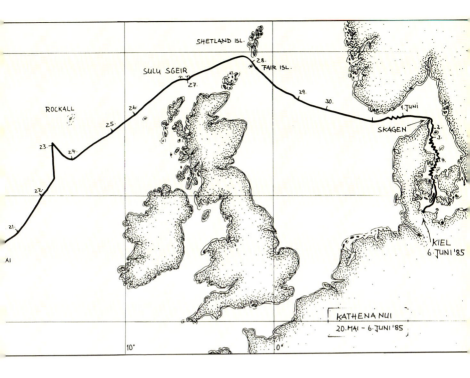

Auch diese Kurve, die ich mit viel Bangen ansteuerte, liegt achteraus. Bei Springtide möchte ich dort nicht durch. Die Strömungen haben mit KATHENA Kreisel gespielt.

30. Mai – 266. Tag
Die Azteken

Flaute. Habe ja auf dieser Fahrt viele hinter mir – aber so kurz vor dem Loch! Wenig ermunternd die norwegischen Wettervorhersagen: „Lätt bris. Skifta bris." (Leichte umlaufende Winde).
   Das einzigartige Licht am Himmel vertröstet mich. Farbig glüht die ganze Nacht der Horizont. Dazu fast Vollmond, stille glatte See wie in einem Binnenmeer und Fischerboote, die weitab ihre Netze schleppen – verfolgt von tausenden Möwen. Bilder, wie ich sie lange nicht sehen werde.

Manchmal frage ich mich, ob die Fischer irgendein System haben, wenn sie ihre unorthodoxen Kreise ziehen.

Meinen Empfänger habe ich jetzt im Cockpit. Er hält mich mit Nachrichten und Musik in den Nachtwachen munter. Höre selbstverständlich über alle Sender Kommentare und Reaktionen auf das Brüsseler Fußballspiel. Mit dem Gerät auf Wache hatte ich mich vorgestern natürlich auf das Spiel Liverpool – Turin gefreut: Wird die Nacht verkürzen. Leider war es dann nicht auf die angenehme Weise wie erhofft. Bei Fanschlägereien gab es zahlreiche Tote und Verletzte. Die englischen Sender haben das gesamte Spiel übertragen. Der WDR hat es nach kurzer Zeit abgebrochen. Die Vorgänge im Stadion erinnern mich an die Aztekenkämpfe. Ein Buch darüber lese ich augenblicklich.

Über Funk habe ich heute mit einem Fischer aus Bremerhaven gesprochen. Er war nicht gerade überfreundlich, sonst hätte ich ihn gebeten, mich zu melden. Meine 266 Seetage haben ihn wohl verwirrt.

2. Juni – 269. Tag
Radio Skagen

Ein Hoch über Nordsee und Skagerrak. Dadurch geht es zwar langsam voran, aber für meinen Körper ist das gut. Denn noch ein rauhes Wetter hätte jegliche Freude gebrochen. Meine Gedanken kreisen tatsächlich nur noch um die Ankunft. Ich kann mich noch so zwingen, an anderes zu denken – die Gedanken an die wirklich letzten Meilen brechen immer wieder durch. Soll ich A. und K. entgegenkommen lassen? Vielleicht nach Kerteminde oder Spodsberg? An den beiden Häfen segle ich ja ganz dicht vorbei.

Steigere mich während der Nachtwachen so in Ausschmückungen, daß ich überhaupt nicht müde werde. Vielleicht kommen sie mir mit einem Boot entgegen. Was tue ich zuerst? Was sage ich? Was sagen sie? Wie sehen sie aus? Ich male daran herum.

Um drei Uhr morgens ist es dann soweit. Der erste Schritt in Richtung Ankunft wird getan. Ich avisiere, via Skagen Radio, meine Ankunft für Dienstag. Mit dem Wetterbericht im Rücken, nördliche Winde 4 bis 5, sind die 220 Meilen mit einem Segel zu schaffen. Ich bin aufgelöst vor Freude, denn wir fliegen der Läsö-Passage nur so entgegen.

Doch mittendrin ist Schluß. Einfach fini mit dem Wind. Platt und spiegelig das Meer. Ich fluche – und hoffe. Das ist sicher nur für Stunden so, die Mittagsbrise wird mich die verlorene Zeit aufholen lassen.

Oh, oh. Diese verdammten Wetterberichte! Um 18 Uhr hänge ich immer noch westlich von Läsö in einer vollkommen ruhigen und stillen See. Nur die Strömung verändert meinen Standort. Der Tag hat Kraft gekostet. Hoch die Genua, runter, zig Wenden fahren, Baum festlaschen, Ausguck, Seekarte gucken, denn der Seeraum ist eng. Ich habe in den letzten 48 Stunden kein Auge zugemacht.

Eingepackt in Parka und Gummmistiefel – klar für die Nachtwache. Um nicht einzuschlafen, nehme ich ab und an einen Schuß Tabasco.

Heute wird es mit Sicherheit auch nichts: enges Fahrwasser, viel Schiffsverkehr. Ich habe Wut und Tränen in den Augen. Während ich mit meiner Reisschüssel auf dem Kajütboden sitze und darin herumstochere, überkommt mich mein Elend. Ich hole die Bibel aus dem Schwalbennest neben meiner Koje und bete. Ich habe sie lange nicht gelesen. Ein altes Stück, in das A.s Geburtsname noch eingetragen ist.

Um 23.10 Uhr hält ein hellerleuchtetes Fährschiff auf mich zu. Unter Panik paddele ich wie ein Wilder KATHENA NUI aus der Gefahrenzone. Sicher sieht man mich, schließlich habe ich alle Positionslichter brennen, rechnet aber damit, daß ich ausweiche, weil es heutzutage kaum motorlose Segelboote gibt. Beklemmendes Gefühl – so dicht das vorbeifahrende Schiff, obschon durch die Übermüdung das Wahrnehmen, das Empfinden nicht so deutlich werden.

Noch glüht der Horizont im Norden. Hilft mir sehr, daß es nicht richtig dunkel wird. In zwei Stunden wird es heller, dann ist die Gefahr einer Kollision gemindert. Dann will ich auch versuchen, auf der Cockpitbank ein paar Minuten zu schlafen.

3. Juni – 270. Tag
Läsö Rende

Neuer Tag mit Sonnenschein und schwachem Wind. War das gestern mein Unglückstag? Um Mittag habe ich endlich Läsö Rende – allerdings auf Kreuzkurs. Das bißchen Wind kommt aus Südost. Schade. Denn sonst hätte ich noch eine Möglichkeit, morgen (wenn auch erst abends) in Kiel anzukommen. Ich lade mit dem Benzingenerator zwei Stunden meine Batterie nach. Möchte mir nichts vorwerfen, wenn nachts der elektrische Strom nachläßt.

16 Uhr: Klopfe mir auf die Schulter und grinse übers ganze Gesicht. Ich habe nämlich die grüne Boje, die ich suchte, nach mehreren Wenden genau vorm Bug. Erste kleine Freude. Zu genau erinnere ich mich an mein Malheur mit der Grundberührung nicht weit von hier bei der Abfahrt. Damals hätte ich deswegen und überhaupt fast resigniert.

4. Juni – 271. Tag
Tanker: Heimathafen Liverpool

Ein richtig großer Tanker hat mich nicht gesehen – mit der Sonne im Rücken! Ich schlief! Ich dachte, bei so einer Helligkeit kann mir nichts passieren.
    Einiges hatte ich hinter mir in der vergangenen Nacht, und ich war der Meinung, mit zwei Beinahe-Kollisionen wäre das Quantum voll. Beim ersten Schiff konnte ich noch gerade wegsegeln. Das zweite Kollisionsdebakel war mit einem Kriegsschiff, nein – eine ganze Flotte kam frontal auf mich zu. Ich lag total bekalmt. Ich konnte sie mit meinem Handsprechfunk „abwehren". Sie antworteten mit nur drei Worten: „I see you."
    Mein Liverpool-Tanker beschäftigt mich. Die Situation war schier haarsträubend. Die schwarze Bordwand, die Brücke, das Kielwasser – 20 bis 30 Meter daran vorbei. Und ich dachte ernsthaft, mit den zwei auf uns zukommenden Schiffen der vergangenen Nacht hätte ich vorerst Ruhe – nach der Wahrscheinlichkeitsrechnung.
    Morgens bei Grena, später noch mal, versuche ich vorbeifahrende Schiffe anzusprechen, um meine Ankunft für heute zu streichen. Alle verweisen mich an Lyngby Radio. Dort will oder kann man mich nicht verstehen. Ich verzweifle.
    Nur die Arbeit an Deck verhindert, daß ich resigniere. Mühsam kreuze ich das ganze Stück in den Großen Belt, dabei muß ich die riesengroße Genua bei jeder Wende ums Kutterstag ziehen.
    Weit vor Sejerö Insel nehme ich einen süßlichen Geruch wahr. Mhm, angenehm. Blumen? Pflanzen? Raps! Kann die Blüte schon soweit sein?

5. Juni – 272. Tag
Dänische Enge

Eine diesige Nacht. Kaum Wind. Eigentlich freue ich mich. So kann ich doch insgesamt zwei Stunden Schlaf finden – östlich treibend vom Schiffahrtsweg.
    Gestern hatte ich Schwierigkeiten, die Seezeichen zu peilen und die Meilen zu addieren, so ausgelaugt war ich.

Und das wäre alles nicht so schlimm, bekäme ich endlich eine Nachricht durch nach Kiel oder zu A. Alle angesprochenen Schiffe verweisen auf Lyngby Radio. Verdammter Käse. Ich bin wütend – auf alles.

Was zum Teufel hat mich bewogen, durch die engen dänischen Gewässer diese Fahrt zu starten und zu beenden? Von Cuxhaven aus wäre es wesentlich einfacher. An Helgoland vorbei und schon hätte ich freien Seeraum vor mir.

Neulich habe ich mich an der Großschot – stehend – festgelascht und Fünfminuten-Schlafschübe absolviert. Bereits nach wenigen solcher Perioden fühlte ich mich besser – irgendwie regeneriert.

A. wird sich große Sorgen machen. Ich weiß. Ich bin überfällig. Zum ersten Mal, während all meiner Fahrten, melde ich meine Ankunft, und dann packe ich es nicht! Dieser „Ostseean" mit seinen Windstillen! Ab 10 Uhr drifte ich bei der Boje Bolsocks. Dunst und Motorengeräusche der vorbeifahrenden Dampfer ist alles, was ich wahrnehme. Auch heute wird es nichts mit Kiel. 90 bis 95 Meilen! Noch!

6. Juni – Letzter Tag

Wind! Nordwind! Wie einfach ist alles mit Wind. Im Nu habe ich Nyborg querab, stehe ich östlich von Langeland. Dicht vor dem Hafen Spodsberg versuche ich es noch einmal mit meinem Sprechfunk: Doch der Hafenlotse winkt ab, keine Annahme von Meldungen über Kanal 16.

Oh, gibt es Segler an der Südspitze Langelands! Fast alles deutsche Flaggen. Die Crew eines großen blauen Bootes hat mich erkannt. Ich winke wie ein Irrer. Noch gut 20 Seemeilen bis zur Förde. Und ich habe nichts vorbereitet. Die Kajüte ein Chaos. Nichts getan während der Flauten. Unruhe hielt mich ausschließlich an Deck. In zum Teil sinnlosen Aktionen riß ich an Schoten und Fallen, alles um nur wieder ein paar Meter voranzukommen. Da interessierten mich nicht der Kaffeerest in der Spüle, die ungewaschenen Haare, das verschwitzte Hemd.

Erst in Sichtweite des Kieler Leuchtturms will ich alles nachholen. Ich muß, denn so will ich nicht einlaufen, und auf keinen Fall

Meine Freunde vom TÖRNER. Das erste Boot, das mir bei der Ankunft entgegensegelt.

will ich nach neun Monaten auf See in Schilksee ankommen, ohne daß A. und K. am Kai stehen.

Aber noch habe ich 15 Meilen vor mir.

Bei dem Versuch, eine Wende zu fahren, entdecke ich ein Boot, das auf mich zusegelt. TÖRNER, kommt es von meinen Lippen. Ja, TÖRNER – das gibt es doch nicht. Ich habe unterwegs von dem eigentümlichen, unverwechselbaren Zweimaster geträumt, der mir nun als erstes Schiff nach Langeland entgegensegelt. Und jetzt stehen sie an der Reling: Harry, John, Jürgen und am Ruder Rolf. Meine Freunde aus Gettorf. Aufgeregt winke ich, haste über Deck, stolpere über die Schotwinde, haue mir dabei das Schienbein auf

Noch zehn Seemeilen bis Kiel!

und bin glücklich. Entspannt und gelöste denke ich: Jetzt kann nichts mehr schiefgehen. Ich habe es tatsächlich gepackt. Diese Riesentour. Ohne Havarie. Ohne Hilfe von außen.
A. und K. sind nicht an Bord. Also sind sie noch zu Hause. Daher rufe ich rüber, daß ich morgen früh in den Hafen einlaufe. Daraufhin kriege ich ziemlich verdatterte Gesichter zu sehen.
„Aber Astrid und Kym warten in Schilksee", ruft Rolf.
Ordnung und Sauberkeit sind mir plötzlich egal. Ich werde heute einlaufen! Schnell trimme ich die Segel neu, um flotter voranzukommen, und dann bin ich auch schon in der Kajüte und stopfe alles unnötige Zeug in leere Segelsäcke. Damit habe ich einigermaßen Klar Schiff. Bei einem lauten „Hallo Wilfried" bin ich wieder an Deck. Überrascht, denn neben der KATHENA NUI fährt ein Motorflitzer mit Harald auf dem Vorschiff. Der Chefredakteur der *Yacht* empfängt mich persönlich. Das haut mich um. Ich gebe mein erstes Interview. Die Worte sprudeln aus mir raus, ich kann sie nicht zurückhalten. Aber bald merke ich, daß sie Harald wegen des Motorgeknatters nicht erreichen. Meine Stimme ist zu schwach, leise und brüchig.
Später lese ich, daß Harald mich schlafend erwischt habe. Nun, die Ehre, das Ziel nach so langer Fahrt im Schlaf zu erreichen, will ich Odysseus nicht nehmen, den Homer nach der berühmten Irrfahrt schlafend heimkehren läßt. Für die Ankunft wechsle ich Pullover und Hose. Die Hose muß ich mit einem Stück Tau um die Taille halten. Ich staune − so dünn war ich noch nie.
Ich streife neue Socken über, rechts einen roten, links einen grauen. Dieser Kombination schreibe ich abergläubisch meine Rettung zu. Ich trug sie nämlich auch, als ich damals im Südmeer über Bord ging und einige Minuten an der Sicherheitsleine mitschliff. Ich hoffe, sie werden mich wie damals „beschützen", wenn ich an Land gehe − und in der Zeit danach. Eine halbe Meile nördlich von Kiel-Leuchtturm stoßen weitere Boote hinzu, die mich begleiten. Und dann − endlich − A. und K. auf einer Ketsch. Festgepreßt am Bugkorb stehen die beiden und winken, lachen und rufen ...
Ich recke die Arme, bin unfähig, etwas zu tun oder zu sagen. Kein Gefühl der Erhabenheit, des Stolzes. Ich bin müde und über-

Nächste Doppelseite: Unvergeßliche Szenen bei der Ankunft in Kiel-Schilksee. Eine Fotocollage aus uns zugeschickten Bildern von Hauschild/Rades/Schmitz/Wagner.

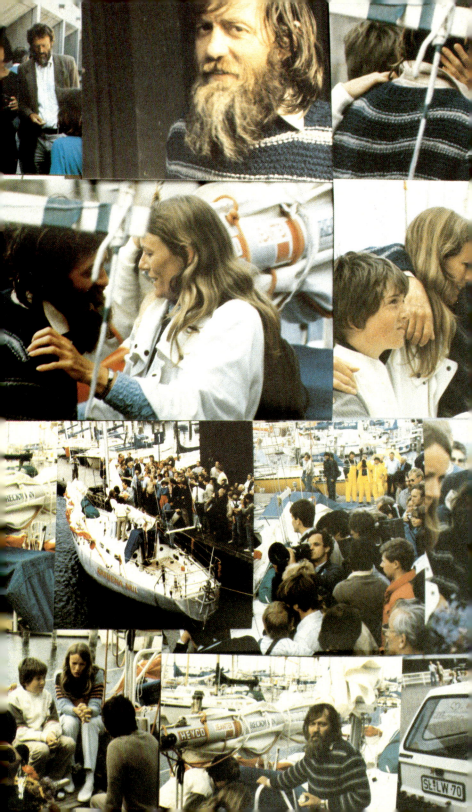

glücklich. Mit meinem Pulloverärmel wische ich mir übers Gesicht: Das ist der Abschluß.

„Wie geht es dir? Gut?"

Die TOM KYLE, das Boot, auf dem A. und K. sind, fährt dicht neben der KATHENA NUI. Die Wellen, die gegen die beiden Rümpfe schlagen, und der Wind, der in meinen Segeln wirbelt, ersticken die Antwort. Ich will weder erzählen noch berühren. Ich starre sie nur an. Beide erscheinen sie mir ziemlich dünn. Für wenige Augenblicke sauge ich meine 271-Tage-Welt noch mal ein. Noch gehört sie mir. Unangetastet. Unverdorben. 271 Tage war ich in Bewegung, habe ich meine KATHENA NUI vorangetrieben. Und jetzt soll Schluß sein? In der Strander Bucht weht der Wind gegenan. Mit drei Kreuzschlägen stehe ich vor der Hafenmole, nehme die Segel weg und werde nach Schilksee reingeschleppt. Überall stehen Leute, winken und klatschen. Hörner tuten, Kameras surren. So viel Zustimmung und Begeisterung habe ich nicht erwartet.

Astrid springt mir vom Steg entgegen, lange bevor KATHENA NUI längsseits ist. Taumelnd umarmen wir uns, halten uns zaghaft und furchtsam umschlungen. Kym steht daneben. Ich drücke ihn, will ihn hochreißen, habe aber nicht die Kraft dazu. Ich bin angekommen. Daß ich das noch mal geschafft habe! Daß ich das erlebe!

Anhang: Der 272. Tag

Wie KATHENA NUI *unterwegs häufig in einer Flaute dümpelte, erging es mir einige Wochen nach der Ankunft. Eine Reaktion auf die Anstrengungen? Astrid Erdmann berichtet über die Ankunft und danach. Kurze Anmerkungen zu Boot und Reise.*

Astrid Erdmann: der 272. Tag

Nun ist er wieder zu Hause. Ich kann's nicht begreifen, als wir abends allein sind: Wilfried, Kym und ich. Daß er zwischen uns sitzt auf dem Sofa, frisch geduscht, voller Erlebnisse und furchtbar durstig. Wasser, Tee, Bier, er trinkt alles durcheinander.
 Und genauso spricht er: „Diese Seen. Über Monate. Ein Wahnsinn", sagt er. „Die Abfahrt, das war mit der schwierigste Teil." Oder: „Ich bin unverwundbar geworden." Merkwürdig für den ersten Abend an Land hört sich der Satz an: „Meine größte Angst ist, eines Tages nicht mehr mit dem Meer zu tun zu haben."
 Er hat in seiner Erfolgsstimmung schrecklich viel zu berichten. Und was habe ich in den neun Monaten gemacht? Wenn ich auf die Zeit zurückblicke, taucht die Erkenntnis auf: gewartet. Die ersten Tage nach der Abfahrt saß ich apathisch herum. Nur ganz langsam zog ich mich aus meinem Sumpf, indem ich das Chaos in Haus und Garten, das Wilfried hinterlassen hatte, in Ordnung brachte. Da waren unzählige Briefe zu schreiben, das Gras stand kniehoch, Brennholz für den Winter war einzulagern. Ich kümmerte mich endlich wieder intensiv um Kym, der mir besonders seelisch eine große Unterstützung war, denn er litt nicht wie ich unter Wilfrieds Abwesenheit, ganz im Gegenteil, er zeigte keinen Zweifel an seinem Unternehmen, sondern ausschließlich Stolz.
 Ich habe auch mit einem Tagebuch begonnen, das ich Wilfried zuliebe schreiben wollte. Doch schon nach kaum zwei Wochen hörte ich damit auf. Meine Gedanken und Gefühle wurden dabei

einfach zu intensiv auf Wilfried gelenkt. Ich wurde jedesmal so traurig, daß meine Augen strömten.

Dann kam das erste Telegramm, am 15. Oktober. Ich schnappte mir eine Flasche Sekt und ging zu meinen Nachbarn Helga und Willi. Im Dorf verbreitete sich die Nachricht wie ein Lauffeuer.

Ich wartete wieder. Vielleicht wartete ich angespannter, als eine andere Frau es getan hätte, weil ich durch meine vielen Jahre Seesegelei zu genau wußte, was einem alles zustoßen kann. Ich dachte dabei gar nicht so sehr an Kollisionen mit Schiffen und Eis, an Navigationsfehler oder Gefahren bei schweren Stürmen, sondern daß ihm zum Beispiel die scharfkantige Aluluke auf den Kopf fallen könnte, er sich nicht immer mit einer Leine an Deck sichern würde – ein Schwachpunkt in seinem Denken.

Je länger das nächste Telegramm auf sich warten ließ, desto mißmutiger wurde ich. Vor allem, wenn Freunde, die seine Fahrt mitkoppelten, fragten: „Schon wieder was gehört?" Darauf reagierte ich ziemlich sauer.

Der Winter kam. Ich strickte Pullover. Machte mit Kym Feuerholz. Weitere Telegramme kamen. Dorfbewohner, die anfangs nicht sonderlich beeindruckt von Wilfrieds Vorhaben waren, staunten: Weihnachten vorbei und er ist noch auf See – ohne Unterbrechung, Ostern segelt er immer noch, Pfingsten ist er noch nicht da.

Vielleicht wartete ich angespannter, weil ich durch meine Erfahrungen mit der See zu genau wußte, was einem alles zustoßen kann.

Die größte Freude bereitete mir die Falkland-Meldung von der ACT 2. Damit hatte er meines Erachtens das schwierigste Stück achteraus. Und wie ich Wilfried kenne, ist er am Ende einer Fahrt stets achtsamer, kann sich in den Nachtwachen mehr quälen.

Meine Mutter, die gerade zu Besuch war, glaubte sowieso ganz fest an Wilfrieds erfolgreiche Heimkehr. Wie sie überhaupt von vornherein überzeugt war, daß nur ihr Schwiegersohn es packen kann. Schon während der Planung unterstützte sie ihn – moralisch – im Gegensatz zu mir.

Am 2. Juni, morgens um 5 Uhr, beendete ein Telefonanruf von Skagen Radio die Warterei: Ankomme Dienstag Kiel. Das waren nur zwei Tage, und plötzlich hatte ich viel zu tun. Ich informierte alle Freunde und Bekannte, lackierte mit weißer Farbe die Haustür neu und säuberte den Garten. Besorgte Blumen und exotische Früchte, Getränke und Fleisch. Kym, den die lange Abwesenheit seines Vaters nicht sonderlich bedrückt hatte, wurde auf einmal nervös und krank. Bauchschmerzen plagten ihn. In drei Tagen verlor er drei Kilogramm Gewicht.

Am Dienstag, mit frischem Salat und Eiern im Auto, fuhren wir nach Schilksee. Zu Kym sagte ich: „Ohne Wilfried fahren wir hier nicht mehr zurück." Im Hafen dann nicht nur Kieler Fans und Freunde, nein, auch aus Oldenburg, Hamburg, Marl und so weiter waren viele angereist. Die Hälfte unserer Dorfbewohner stand am Kai. Die Presse hatte sich eingerichtet. Ein Superwetter. Eine Riesenstimmung. Nur einer fehlte: mein Wilfried.

Er kam nicht. Seltsamerweise wurde ich nicht nervös, das Wetter war eben zu gut: Nämlich schwachwindig. Für die Nacht kroch ich mit Kym bei Schippy auf ASTARTE unter. Fand es richtig schön, nach Jahren wieder in einer Koje, dazu auf einem Holzschiff, zu schlafen. Auch am nächsten Tag keine KATHENA NUI, kein Wilfried. Meldungen häuften sich: Er wäre bei Langeland gesichtet worden. Er wäre bereits beim Kieler Leuchtturm. So recht konnte ich das nicht glauben, denn es war totale Flaute auf der Ostsee. Kym war an diesem Tag ausgeglichener, er kaufte sich einen Kescher und fing Stichlinge. Die meisten Freunde mußten leider wegen ihrer Arbeit Schilksee verlassen. Ich richtete mich noch mal für eine Nacht bei Schippy an Bord ein.

Als ich am Donnerstag (6. Juni) wach wurde, war mein erster Gedanke: Wenn er heute nicht kommt, dann ist etwas passiert.

Mittags, halb zwölf, dann endlich der erlösende Lautsprecherausruf: Frau Erdmann zum Hafenmeister bitte. Wilfried wurde diesmal definitiv südlich von Langeland gesehen. Irre. Auch der Hafenmeister freute sich mächtig, stand doch sein Telefon seit Tagen nicht mehr still.

Mit dem Boot der Stadt Kiel, dem Stadtpräsidenten und einigen Journalisten an Bord fuhren Kym und ich der KATHENA NUI entgegen. Als ich ihn dann sah, deutlich erkennen konnte in einem viel zu großen, von mir gestrickten blau-grauen Pullover und sandfarbener Cordhose, auf dem Vordeck stehend, wo er sich mit einer Hand am Want festhielt und mich fest anblickte, war ich in einer Gefühlsaufwallung, wie ich sie selbst bei Kyms Geburt nicht erlebt habe. Diesen Augenblick werde ich für immer festhalten. Er ist zurückgekommen! Ich frage mich, ist er es wirklich? Ist er ein anderer geworden? Laut verkünde ich: „Mein Wilfried ist der Größte!"

Die Wohnung ist einen Tag nach Wilfrieds Ankunft ein Blumenmeer. Telegramme, Briefe, Anrufe. Wir ersticken darin. So viel und vor allem positive Resonanz haben wir nicht erwartet.

Auf unserem Schreibtisch türmen sich Zeitungsausschnitte, Kommentare, Artikel. Das Fernsehen meldet sich. Rundfunksender im Dutzend – wußte nicht, daß es eine so große Zahl in Deutschland gibt. Wie üblich nach jeder unserer Fahrten, ja sozusagen im „Abonnement", erscheinen auch diesmal in *Stern* und *Yacht* große Bildberichte.

Ganz Goltoft ist auf den Beinen, als Wilfrieds Rückkehr mit einem zünftigen Dorffest gefeiert wird. Der Bürgermeister unserer 176-Einwohner-Gemeinde, Ernst-August Marxsen: „Auf deinem Segelboot stand der Name Goltoft. Du hast den Namen um die ganze Erdkugel getragen. Dafür danken wir dir. Wir sind stolz darauf, daß Deutschlands berühmtester Segler aus Goltoft kommt." Wilfried revanchiert sich mit einer Flasche Original-Kap-Hoorn-Wasser, aus der er gleich unserem Dorfoberhaupt einen Schuß über sein Haar schüttet. Die Feuerwehrkapelle spielt „La Paloma" und „My Bonny is over the ocean".

Wilfried ist noch lange auf dem Ozean – in seinen Gedanken, in seinen Träumen. Nach Wochen der Euphorie sackt er ganz plötzlich ab: Lustlosigkeit, Desinteresse plagen ihn. Gereizt reagiert er auf Besuche.

Auch von dieser Fahrt möchte er ein Buch machen, aber er kommt nicht in Gang. Wochenlang hört er sich Bänder von unterwegs an, liest im Logbuch. Doch einen Text bringt er nicht zustande. Ich schirme ihn ab. Ich schließe ihn in seiner Kammer ein. Nichts zu machen. Er, der sonst keine Angst vor einer Seite weißem Papier hat, versinkt für Stunden, für Tage in nutzlose Nostalgie. Dümpelt in einer seelischen Flaute. Erst nach einem heftigen Fieber rappelt er sich auf. Kriegt Mut, wird freundlicher. Er interessiert sich auch wieder verstärkt für Kym und ist besonders nett zu mir.

Ist bereit, ein „normales Leben" zu führen.

271 Tage!

Für mich selbst waren es 272 Tage, aber einen ziehe ich ab wegen Überschreitens der Datumsgrenze, denn 24 Logbuchtage hatten jeweils eine Stunde weniger auf Grund des Wechsels der Zeitzonen. Folglich waren es 271 Tage! Eigentlich bin ich kein kühler Rechner, aber ich muß diesen Weg nehmen. Erstens: Weil ich mich im Logbuch vertan habe. Zweimal notierte ich den 261. Tag. Das war bei der Ansteuerung der Shetlands. Vielleicht ein kleines Beispiel, wie leicht es durch Erschöpfung und Übermüdung zu Fehlern kommen kann. Zweitens: Bei meiner Ankunft verkündete ich 271 Tage, und das möchte ich nicht zurücknehmen.

Boot und Ausrüstung

Material: Aluminium (AlMg 4,5).
Rumpf: 50 mm breite Spanten auf 6 mm starken Bodenwrangen im Abstand von 350 bis 400 mm. Mehrere Längsstringer im Vorschiff. Vier fest mit Rumpf und Deck verschweißte Schotten, davon zwei wasserdicht (so daß bei Kollisionen das Boot immer schwimmfähig bleibt), ergeben hohe Torsionsfestigkeit. Zwei Wassertanks, in

die Außenhaut integriert, haben eine Kapazität um 300 l. 50 mm dicke Rohre als Plichtlenzer – durchgängige Schweißkonstruktion. Lenzen der gefüllten Plicht in eineinhalb Minuten.

Blechstärken: Kielsohle 10 mm; Kielseiten 8 mm; Unterwasserschiff 6 mm; Außenhaut und Deck 5 mm.

Kiel: Alu mit Stegen an die Bodenwrangen geschweißt. Ballastmaterial 2,5 t Blei – luftdicht eingeschweißt.

Ruder: Komplette Anlage (Ruder-Skeg). eine Alu-Schweißkonstruktion mit Stegen und 50 mm Voll-Alu-Schaft.

Deck: Alu auf Quer- und Längsspanten. Trittfläche gesandet (rutschfest). Alle drei Luken (Klapp): Alu mit Gummidichtung und Schraubverschlüssen. Acht Fenster (max. lichtes Maß 140 x 470 mm), 12 mm Acrylglas, nicht getönt. Püttings (16 mm) und Mastfuß durchgesteckt.

Cockpit: 1,95 m lange und 0,48 m breite Sitzbänke. Brückendeck 0,50 m. Plicht 0,60 x 1,05 m. Alles mit Teak verlegt.

Decksbeschläge: Neun Winschen (Andersen). Blöcke, Klampen, Schotschienen, Augbolzen, Umlenkrollen, Schäkel usw. (Hs).

Seereling: Körbe Niro 0,75 m. Stützen 0,72 m. Mindestmaß für solche Fahrt.

Selbststeueranlage: Aries (mechanisch). Halterung (vier Rohre) am Heck angeschweißt. Eine weitere komplette Aries im Vorschiff als Reserve, aber ungenutzt.

Rigg: Mast 12,75 m über Deck. 140 x 200 mm Profil (Reckmann). Wanten und Stagen 8 und 10 mm. Eine Saling, zwei Achterstage. Kutterstag. Außenlaufende Fallen (ausschließlich). Großsegel dreimal Bindereff – außenlaufend über zwei am Großbaum montierte Winschen. Nichts umgelenkt ins Cockpit – also alle Arbeiten am/vorm Mast.

Segel: 1 Groß 21 m^2 – 340 g Tuch, drei Reffreihen; 1 Klüver 21 m^2 – 340 g Tuch, eine Reffreihe; 1 Stagfock 9 m^2 – 340 g Tuch, eine Reffreihe; 1 Genua 42 m^2 – 170 g Tuch; 1 Try 7 m^2 – 350 g Tuch (orange); 1 Sturmklüver 8 m^2 – 350 g Tuch (orange), eine Reffreihe; 1 Sturmfock 1,75 m^2 – 350 g Tuch, selbstgenäht.

Elektrik: Zwei 12-Volt-Batterien (kippsicher). Eine wurde mit einem Benzin-Generator nachgeladen. Zweite mit getrenntem Säurepack in Reserve. Anschlüsse: Positionslampen, eine Kajütlampe, ein Echolot, ein Topplicht (Blink).

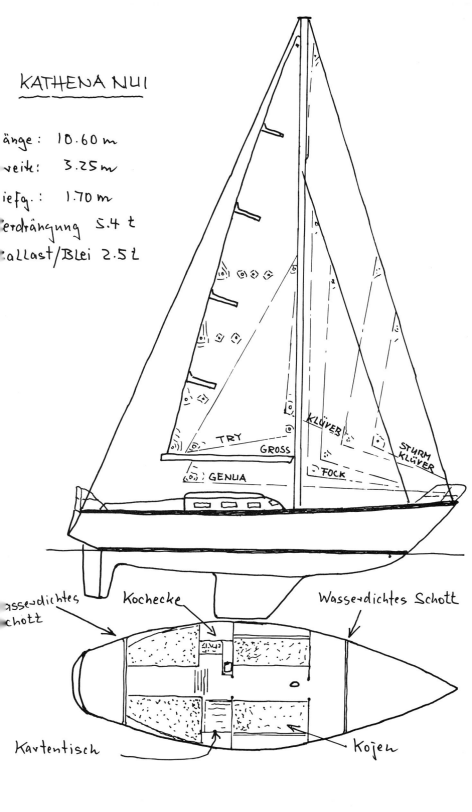

Motor: keiner (durch den fehlenden Kraftstofftank ca. 80 l mehr Trinkwasser).

Sicherheit: Schlauchboot, 4-Personen-Rettungsinsel; 1 UKW-Handsprechfunkgerät (Reichweite 5 bis 8 sm); 1 Sicherheitsgurt (Secumar); diverse Signalkörper. Wasserdichte Schotten aus Alu. Hohe, feste Seereling. Spezieller hoher Bug- und Heckkorb. Alu-Luken. Breites Brückendeck (0,5 m). Niedergangskorb.

Navigation: 1 Trommelsextant (seit 1966 in Gebrauch); 1 Rundfunkempfänger (Satellit); 1 Armbanduhr; 1 Barometer; 1 Sumlog mechanisch; 1 Echolot; HO 249-Tafeln; nautisches Jahrbuch; 1 Steuerkompaß; 1 Kajütkompaß.

Laufendes Gut: Fallen – gedrehtes Tauwerk, vorgereckt. Schoten – geflochten.

Wetterkleidung: 2mal Ölzeug, 1 gefütterter Ölzeugoverall, 1 Thermo-Parka (Jeantex), 3mal Faserpelz Garnituren, 4 dicke Wollpullover, 3mal Gummistiefel und viele, viele Wollsocken (reichten trotzdem nicht).

Sonstiges: Rumpf, Deck und Ruder von der Werft gebaut. Ausbau, Beschläge, Farbe, Ausrüstung usw.: selbst. Mit Astrid und Freunden. Bauzeit – Aluarbeiten 3 Monate. Meine Arbeit, Ausrüstung, Vorbereitung auf die große Fahrt und Probetörn 2 Monate, 10 Tage.

Zeit: Sommer '84. – Auf Schutzanoden wurde verzichtet; nach 30.183 Seemeilen ist keinerlei Elektrolyse festzustellen.

Anmerkungen zu Boot und Reise

Wenn man Fachzeitschriften liest, Bootsmessen besucht, bekommt der Interessierte leicht den Eindruck: Die Fahrtenseglerszene erstickt in der Perfektion, hat nicht den Mut zur Improvisation.

So gesehen, reizte es mich ungemein, mit einem kleinen Boot, überschaubarem Aufwand und begrenzten Mitteln eine in jeder Hinsicht extreme Blauwasserfahrt zu machen. Ich wollte beweisen, daß man, ausgerüstet mit dem nur Allernotwendigsten, konzentriert auf das Wesentliche, absolut sichere Reisen machen kann.

Und ich meine, es ist mir gelungen. Bei den Dingen, auf die es unterwegs ankam, habe ich nicht gespart: Rumpf, Ruder, Rigg wurden extrem stark dimensioniert, obschon wasserdichte Schotten und Aluminium mir eine Sicherheit suggerierten, die es auf See eigentlich nicht gibt. Der Segelplan, durch die Kuttertaklung sorgfältig unterteilt, erleichterte meine Arbeit als Einhandsegler enorm. Auf Umlenkrollen von Fallen und Reffleinen ins Cockpit verzichtete ich. Für mich war die Arbeit am Mast einfach und sicher. Mein Großsegel mit drei Reffreihen hatte ich so gut im Griff, daß ich fürs Reffen normalerweise 3 Minuten brauchte. Ich führte die Reffleine über eine Umlenkrolle an der Nock des Baumes und holte sie mit einer Winde dicht. Anschließend bändselte ich das Tuch ein.

Zu den Segeln noch diese Anmerkungen: 340-Gramm-Tücher waren für mein 6-Tonnen-Boot zu schwer. Ansonsten waren die Segel sehr griffig und weich, vor allem die orangenen Sturmsegel.

Das „Innenleben" der Kielhacke. Auf die Schweißkonstruktion kamen noch 6 mm dicke Bleche. Diese solide Bauweise wurde fürs gesamte Schiff angewandt. So gesehen ist KATHENA NUI *auch mehr ein Arbeitsboot als eine Yacht.*

Kathena nui Förderer:

FIRMEN:

Aluminium Verband
Arbed / Drähte
Bosch / Kamera
DSB / Schlauchboot + Insel
Ewa-Marine
FKF / Konserven
Grundig / Radio
Heyco / Werkzeug
International / Farbe
Jeantex / Wetterkleidung
Kaiser / Aluminium
Liros / Tauwerk
Köllnflocke
Mestemacher / Brotkonserven
Nestle / Milchpulver
Polyant / Segeltuche
Rolex / Uhr
Sprenger / Deckszubehör
Tupperware / Behälter
Varta / Batterien
VDO / Instrumente

PRIVAT:

Gieselher Ahlers
Hanns-Jörg Anders
Klaus Conze
Ortwin Fink
Erwin Grässlin
Leo Hundertmark
Klaus Hympendahl
Heiner Jedrowiak
Oskar Kessler
Priska Manhardt
Trude + Jürgen Rades
Trans-Ocean
"Schippy" Wiendieck
u.a.

Neben der rotweißen Genua hätte ich mir gerne eine kleinere blauweiße gewünscht, denn mit der Zeit ging mir das rotweiß gestreifte auf den Geist.

Neben dem Niedergang brachte die Werft auf meinen Wunsch einen kräftigen Rohrbügel an (570 Mark). Der gab mir nicht nur Halt beim Ein- und Aussteigen, sondern schützte mich bei allen Arbeiten im Cockpit.

Bei achterlichem Sturm bestimmte das Speedometer die zu setzende Segelfläche. Mehr als 5 Knoten Durchschnitt wünschte ich nicht. Dabei konnte die Aries-Selbststeueranlage das Boot auf Kurs halten, und zusätzlich wurde die Gefahr gemindert, über Kopf zu gehen. – Als Log benutzte ich das altbewährte VDO-Log mit Drahtspiralenübertragung (3. Fahrt für mich), also, es arbeitete ungemein zuverlässig und ohne Stromverbrauch!

Die KATHENA NUI war fast ausschließlich mit deutschem Material hergestellt und ausgerüstet. Sozusagen eine kleine „Made in Germany", die mich sehr zufriedengestellt hat.

Daß dem Boot und mir nichts Ernstliches zugestoßen ist, ist natürlich Glückssache, aber Glück ist auch eine Frage der Konstitution und des Geschicks.

Fototagebuch

„Je länger ich mit meinem ›Modell KATHENA NUI‹ arbeite, um so stärker engagiere ich mich. So habe ich neben dem Beiboot andere ungewöhnliche Stativpunkte gewählt wie: halbe Salingshöhe, achtern zwischen den Wanten, Plichtboden, an der Nock des Spi- oder Großbaumes, an der Kajütdecke. Und ich werde nicht eher aufhören, bis mein Modell erschöpfend ausfotografiert ist oder mir die Filme ausgehen."

Diese Zeilen aus meinem Logbuch verdeutlichen, daß ich auch diese Solofahrt bewußt fotografieren wollte. Gelungen ist es mir nicht ganz. Ich brachte noch Filme zurück und ermüdete meistens schnell bei der Arbeit mit der Kamera. Gewöhnlich hatte ich anderes – Seemännisches – im Kopf. Vor allem bei richtigem Sturm, obwohl ich wasserdichte Umhüllungen (Ewa-Marine) für die Kameras an Bord hatte, nutzte ich sie nicht richtig.

Ich war meistens zu ängstlich, damit über Deck zu hasten.

Meine Ausrüstung bestand aus den beiden Nikon-Kameras F2 und El, die bereits vier Jahre Südseesegelei mitmachten. Für die Kameras hatte ich Objektive von 20 bis 200 mm, einen Motor und einen Ultraschall-Fernauslöser, alle desselben Fabrikats, mit an Bord. Ohne Fernauslöser hätte ich die Fahrt fotografisch nicht so gestalten können.

Für gewöhnlich arbeitete ich mit drei verschiedenen Blenden. Beim segelnden Selbstaufnahmen aus dem mitgeschleppten Beiboot ging das dann folgendermaßen vor sich: Stativ mit Tauen im Schlauchboot befestigen, Kamera mit Fernauslöser aufschrauben, Kamerawinkel zum Objekt justieren, dann ziehe ich mich an der Schleppleine an Bord, übe irgendeine Tätigkeit während der Aufnahmen aus, hole das Dingi wieder dicht, springe hinein, verändere die Blende und noch mal das gleiche und dann ein drittes Mal.

Filme? Meine bevorzugten Filme – Kodachrome 25 natürlich. Ich benutzte aber auch Ektachrome 400 und 1600. Alle Filme

Die im Dingi montierte Kamera mit Ultraschall-Fernauslöser. Der Aufwand brachte Abwechslung in meine Einhandbilder. Ich glaube, daß ich damit einige Augenblicke Wirklichkeit inszeniert habe.

lagerte ich, um sie vor Feuchtigkeit zu schützen, in großen mit Reis gefüllten Tupperbehältern. Obschon ein Teil der belichteten Filme sechs und mehr Monate so gelagert wurden, konnte ich keine unangenehme Farbveränderung feststellen.

Kochen und Ernährung

Nachdem ich nicht von meinem Vorhaben, die Erde nonstop zu umsegeln, abzubringen war, wollte Astrid auch zur Ernährung Nützliches dazutun. Schließlich wollte sie mich nicht nur zurück, sondern auch gesund zurückhaben. Also kochte sie für mich ein: Apfelmus, Stachelbeeren, Marmeladen und 30 Gläser Fleisch.

Dieses Eingemachte half mir in der Tat über manche schlechte Stimmung hinweg, denn meine rund 600 gestauten Dosen schmeckten doch recht eintönig. Ich meine, daß ich körperlich einigermaßen aus den neun Monaten rauskam, lag hauptsächlich daran, daß ich viel Speck und Zwiebeln aß und dann: Knoblauch, Trockenobst, Haferflocken. Erstaunt hat mich, daß die vakuumverpackten Speck- und Schinkenstücke neun Monate überstanden haben, ohne zu verderben.

Ich bin ein einfallsloser Koch und lasse mich selten zu Experimenten hinreißen. So wurde grundsätzlich für zwei Tage gekocht. Und das ging folgendermaßen vor sich: Reis und eine Dose, Nudeln und eine Dose, Kartoffeln und ... Dazwischen eine Suppe. Dann ging es wieder von vorne los. Das klingt so wie es war, langweilig, aber bei Sturm beschränkt man die Kocherei gerne auf ein Minimum. Jedoch schlimmer als die Eintönigkeit des Essens war die Tatsache, immer allein essen zu müssen.

Ich kochte an Bord auf einem zweiflammigen Petroleumdruckkocher (Optimus). Der Kocher ist in einer kardanischen Aufhängung befestigt, die ich jedoch selten benutzte. Das Vorheizen des Brenners mit Spiritus gelang mir selbst bei sehr bewegter See. Ich führte gereinigtes Petroleum mit, trotzdem füllte ich es noch zusätzlich per Filtertrichter in den Brennstofftank. An Ersatzteilen habe ich neben Düsen auch komplette Brenner mitgehabt. Gegessen habe ich – soweit möglich – zweimal täglich. Morgens Haferbrei und etwas Brot. Nach der Mittagsposition das Hauptgericht.

Abends genügte mir eine Handvoll Trockenobst. Die warmen Getränke mußte ich gleich nach dem Kochen zubereiten, um den Kocher für heißes Wasser nicht noch einmal vorwärmen zu müssen. Ich habe viel Tee, Kaffee und Milch getrunken. Letzteres angerührt mit Milchpulver.

Bei den abrupten Bewegungen des Bootes war das Kochen in den südlichen Breiten oft ein Balanceakt. Die Utensilien rutschten auf der Anrichte hin und her, manchmal gar auf und nieder; Messer katapultierten durch die Kochecke und sogar der Suppentopf landete auf dem Boden ... Dort nämlich, auf dem Kajütboden, habe ich auch mein Essen eingenommen. Ein wunderbarer Platz, um mich herum genügend Raum, Dinge abzustellen – Topf, Tasse, Teekanne und so weiter, und ich konnte mich bestens mit Rücken und Beinen zwischen den Kojen abstützen.

Gespült habe ich mein schmutziges Geschirr – meistens nur aus Topf, Tasse und Besteck bestehend, gleich nach dem Essen – in kaltem Seewasser – wozu extra eine Seewasserpumpe montiert war. Das Spülbecken ist 20 cm tief, was ein Spülen selbst bei hart am Wind segeln möglich machte.

Proviant brachte ich reichlich zurück. Jedenfalls von dem nicht so schmackhaften. Von der Menge her gesehen hätte ich noch drei Monate auf See bleiben können.

Mein Lieblingsgericht auf diesem Langtörn: Die ,,Farbabbildungen" in meinem Kochbuch.

Fortsetzung folgt

Darf man eigentlich von einer Nonstop-Erdumseglung zurückkommen und ins Schwärmen geraten, so, als kehre man gut erholt von einem Ostseetörn mit Eindrücken zurück?

Indes: Südlich des fünfzigsten Breitengrades glücklich gewesen zu sein; die Fahrt ohne Havarie beendet zu haben; so ein Ein-Mann-Unternehmen durchgezogen zu haben, läßt meine Augen leuchten. Das alles zusammengefaßt hat einfach Spaß gemacht.

Ziemlich schnell waren die Belastungen vergessen, denen mein Körper durch die heftigen Bewegungen des Kurzkielers Tag und Nacht bei allen Wetterbedingungen ausgesetzt war. Vergessen auch

Proviantverbrauch für 271 Tage: Jedes Kreuz bedeutet eine Dose oder Packung: Zusätzlich: 10 kg Reis, 30 kg Kartoffeln, 8 kg Nudeln, 12 kg Mehl, 1 kg Zucker, 3 Liter Kochöl, 80 kg Zwiebeln, 50 Tafeln Schokolade, 5 kg Kekse, Knäckebrot, 2 kg Kaffee, 1 kg Tee. In kleinen Mengen: Kakaopulver, Pudding, Brühe, Gewürze.

die Anstrengung der konzentrierten Aufmerksamkeit über 271 Tage, denn man kann als Einhandsegler etwas nur richtig oder falsch machen, an Deck sicher oder daneben treten.

Kurz: Ich habe die See lieben und fürchten gelernt. Sie war rauh und schön zugleich. Wenn ich davon sprach, wurde mir immer die Frage gestellt: Würden Sie diese Fahrt noch einmal machen? Darauf antworte ich jedoch in der Regel boshaft. Schließlich macht man eine Nonstop-Weltumseglung nur einmal.

Wann geht's wieder los, Herr Erdmann? Auch eine Frage, die ich des öfteren höre.

Nun, augenblicklich bin ich da ziellos. KATHENA NUI werde ich behalten – für alle Fälle. So gesehen könnte es eine Fortsetzung geben, denn mit dem Boot kann man *alles* machen. Doch zunächst sollen KATHENA NUI und die Nonstop-Reise als Basis für ein Handbuch dienen, das Erfahrungen und Wahrnehmungen aller meiner Fahrten beinhaltet.

Meine seemännische Zeittafel

Geboren 1940 in Pommern.
Handelsschiffahrt 1961 bis 1965.
1. Weltumseglung: 1966/68. Als erster Deutscher allein/einhand. Kurs via Panama, Torresstraße, Kap der Guten Hoffnung. 30223 Seemeilen. Boot: KATHENA. Slup. 7,60 m lang, Holz, Kielschwerter.
2. Weltumseglung: 1969/72. Mit meiner Frau Astrid. Gleichfalls über die Passatroute, aber mit Abstechern nach Neuseeland, Indonesien, Madagaskar, 35086 Seemeilen. Boot: KATHENA 2. Slup. 8,90 m lang, Stahl-Rundspanter, Langkieler.
3. Fahrt: 1976/79. Mit Astrid und Sohn Kym (3 1/2 Jahre bei Abfahrt). Eine ausgesprochene Südseefahrt über Marshall-Inseln, Philippinen, Singapur, Rotes Meer. 20422 Seemeilen. Boot: KATHENA FAA. Slup. 10,00 m lang, Glasfiberbau, Mittelkieler.

```
2931 z kiel      d
2111 tj hamb     d =
zczc 425/syh025 oxf714             21  1  85  05  56   0815-
dphx co aamv 019
hobart tas 19/17/21 1430

Zugesprochen mit Briefpost
mrs erdmann
2381 goltoftwestgermany

kathina passed macquarie island 20/1/85 your husband sounded ha
and optomistic regards
    macquarie island



col 2381 20/1/85
```

*So optimistisch, wie das Telegramm klingt,
war ich bestimmt nicht. Übrigens: Funkgespräch
und Telegramm mit Macquarie sind auch
als Beweis gedacht.*

Das UKW-Handsprechfunkgerät kam erst
nach Frontmachen von Familie und Freunden
an Bord. Trotz der geringen Reichweite von
nur 8 Meilen erwies es sich als äußerst nützlich.

Seemännische Ausdrücke

Anemometer – Windmesser
back – wenn das Segel den Wind von der falschen Seite erhält
Backstagen – Drähte, die den Mast nach achtern stützen
Besteck – Standortsbestimmung nach Längengrad und Breitengrad
Doldrums – siehe Mallungen
Etmal – die von Mittag zu Mittag zurückgelegte Streckte eines Schiffes
Fall – Tau zum Setzen der Segel
Faserpelz – Kleidung aus 100% Kunststoffgarnen
fieren – das Nachgeben eines Taus
Genua – großes Vorsegel
Halse – Segelmanöver mit dem Heck durch den Wind
killen – das Segel flattert
Klüver – Vorsegel (vor der Fock)
Kulmination – der höchste Stand der Sonne
Kutter – Takelage mit zwei Vorsegeln (Fock und Klüver)
Lateralplan – die Fläche des Unterwasserschiffs
Log – Gerät zur Messung der Fahrtgeschwindigkeit
Mallungen – windstille Zonen in der Nähe des Äquators
Mißweisung – die durch den Erdmagnetismus bewirkte Ablenkung der Kompaßnadel

Nock – das Ende des Baumes
Plicht – vertiefter Cockpitraum
raum – der Winkel zwischen Kurs und Wind wird größer
reffen – verkleinern der Segelfläche
Rigg – Bezeichnung der Takelage
Roßbreiten – Gebiete zwischen 25° und 35°N bzw. S
Saling – Querstange am oberen Mast
schamfilen – durchscheuern
schiften – die Segel von einer Seite zur anderen übergeben
Schandeck – Oberkante vom Bootsrumpf
Schot – Tau zur Segelbedienung
Schothorn – die achtere untere Ecke eines Segels
Schott – Trennwand
Schrick – etwas Lose geben eines Taus
Sextant – Winkelmeßgerät zur Schiffsortbestimmung
Speedometer – siehe Log
Stag – Drahttauwerk, das den Mast längsschiffs hält
Tipi – Zelt (indianisch)
Trimm – die ideale Schwimmlage oder Segelstellung eines Bootes
Try – Segel ohne Baum am Mast gesetzt
Vorliek – die vordere Kante eines Segels
Want – Drahttauwerk zur seitlichen Verspannung des Mastes
Wende – Segelmanöver mit dem Bug durch den Wind

Weitere Titel von Wilfried Erdmann:
Segeln & Abenteuer

Ein unmöglicher Törn
Transatlantik mit GATSBY und Gewinnern
272 Seiten, 37 Farbfotos, 54 Abb., kart.
ISBN 3-7688-0924-2

Gegenwind im Paradies
Segelabenteuer in der Südsee
260 Seiten, 44 Farbfotos 5 Karten, kart.
ISBN 3-7688-1161-1

Mein grenzenloses Seestück
Jollenfahrt durch Mecklenburg-Vorpommern
220 Seiten, 37 Farb- u. 55 S/W-Fotos, 8 Routenskizzen, kart.
ISBN 3-7688-0986-2

Mein Schicksal heißt KATHENA
Als Einhandsegler um die Welt
268 Seiten, 60 Abb., kart.
ISBN 3-7688-1091-1

Erlebnisberichte

Nordsee-Blicke
Eine Segelreise im Gezeitenmeer
Reiseerzählung mit handfesten Praxisinformationen.
288 Seiten, 60 Farbfotos., 30 Abb., 9 Karten, geb.
ISBN 3-7688-1021-6

Ostsee-Blicke
Eine Segelsommer mit KATHENA 7
Mit vielen Tipps für Ostseesegler.
272 Seiten, 43 Farb- u. 42 S/W-Fotos, 12 Karten, geb.
ISBN 3-7688-0855-6

Zu Wilfried Erdmanns erster Weltumseglung ist sein Video **Die magische Route** erneut lieferbar.

Die faszinierenden Film- und Tonaufnahmen von damals lassen erahnen, welchen Herausforderungen Erdmann sich auf seiner neuen, noch härteren Tour stellen muss.

Laufzeit: 60 Minuten
ISBN 3-7688-7033-2

Erhältlich im Buch- und Fachhandel oder beim Delius Klasing Verlag, Siekerwall 21, 33602 Bielefeld